# MEHR SAFT!

Rezepte für ein starkes und strahlendes Ich

Kara M. L. Rosen

# MEHR SAFT!

Rezepte für ein starkes und strahlendes Ich

Kara M. L. Rosen

südwest

1. Auflage 2016



Redaktionsleitung: Silke Kirsch
Projektleitung: Esther Szolnoki
Übersetzung aus dem Englischen: Claudia Theis-Passaro und Annegret Hunke-Wormser
Producing, Satz und Redaktion der deutschsprachigen Texte: VerlagsService Dietmar Schmitz GmbH, Heimstetten
Korrektorat: Susanne Langer, Traunstein
Umschlaggestaltung: zeichenpool, München

Printed in China

ISBN 978-3-517-09466-3

Für die englischsprachige Ausgabe:
First published in Great Britain in 2015 by Mitchell Beazley, a division of Octopus Publishing Group Ltd Endeavour House, 189 Shaftesbury Avenue, London WC2H 8JY


Die englische Originalausgabe erschien 2015 unter dem Titel »PLENISH. Juices to boost, cleanse & heal« bei Mitchell Beazley
Verlagsleitung: Stephanie Jackson
Redaktion: Pollyanna Poulter
Stellvertretende künstlerische Leitung: Yasia Williams
Illustration & Design: Abigail Read
Fotografie: Mowie Kay; bis auf: Seite 117 Martin Lee/Alamy; Cover, Seiten 2–3, 14, 18–19, 21, 22–23, 58–59, 62–63, 70–71, 78–79, 94–95, 102–103 Amber Locke @rawveganblonde
Styling: Iris Bromet
Ökotrophologische Beratung (Rezepte): Lucy Thomas
Register: Isobel McLean
Produktionssteuerung: Lucy Carter

# Inhalt

# Der Weg zum Saft

## Karas Geschichte

### Unter Strom

Das Jahr 2007 war eine aufregende Zeit für mich in New York City. Mit Ende 20 arbeitete ich bei Condé Nast an der Markteinführung der *Men's Vogue*. Die Wirtschaft boomte und jeder in meinem Bekanntenkreis lebte auf großem Fuß. Mit Kollegen war ich ziemlich oft auf Dienstreisen an der Westküste, wo wir in tollen Hotels von großzügigen Spesenkonten lebten und in den besten Restaurants nach Herzenslust schlemmen konnten. Diese Exzesse hinterließen jedoch Spuren.

Mein Singleleben in Manhattan ließ mich jede Disziplin vergessen. Ich litt immer wieder an Streptokokken-Infektionen, die mein Hausarzt ein ums andere Mal mit Antibiotika behandelte. Ich gewöhnte mich daran, dass ein paar Pillen und die Behandlung der darauffolgenden Pilzinfektion mich wieder für den Job und mein soziales Leben fit machten. Meiner schwindenden Energie versuchte ich noch mehr Kaffee und einige Extrastunden Schlaf am Wochenende entgegenzusetzen. Aber das funktionierte nicht.

### Ich ~~halte~~ starte durch

Ich war angeschlagen, tat, was nötig war, um zu überleben, aber nicht genug, um mich wirklich zu erholen. Diese fatale Achterbahnfahrt machte ich fast zwei Jahre lang mit. In dieser Zeit nahm ich insgesamt zwölf Monate lang Antibiotika. Problematisch daran ist, dass sie Bakterien abtöten, dabei aber nicht zwischen Gut und Böse unterscheiden. So bekämpften die Pillen zwar all jene lästigen Bazillen, die meine Halsinfektionen verursachten, gleichzeitig aber auch alle nützlichen, was eine ernste Schwächung meiner Darmflora und meines Immunsystems nach sich zog.

Ich war niedergeschlagen, schlapp und wie benommen, und schrieb das Ganze einer Lebenskrise zu sowie der Tatsache, dass ich Single war und mich einsam fühlte. Mir fehlte die Energie zum Joggen, dabei war Sport immer ein wichtiger Teil meines Lebens gewesen, der mir geholfen hatte, Stress abzubauen. Ich ließ außer Acht, dass irgendetwas in meinem Körper aus dem Gleichgewicht geraten war. Freunde und Familie rieten mir, ich solle »öfter ausgehen«, um meine Niedergeschlagenheit zu überwinden. Das führte aber unweigerlich zu noch mehr Seelenfutter wie Weißbrot, Nudeln, Süßigkeiten und Frittiertem und machte alles nur noch schlimmer.

### Albert Einstein gab mir einen Tritt in den A****!

Fiebernd, lethargisch, niedergeschlagen (und pummelig!) und erneut von Infektionen geschwächt, war ich am Nullpunkt angekommen. Ich ging noch ein letztes Mal zu meinem Hausarzt. Er verschrieb mir ein neues, stärkeres Antibiotikum, bot mir großzügig an, meine Mandeln zu entfernen, und überwies mich an einen Psychiater. Dieser verordnete mir ein Antidepressivum, um den »Kopf klar zu bekommen«.

Als ich auf dem Weg zur Apotheke in der U-Bahn saß und mich eher wie 70 als wie 30 fühlte, fiel mein Blick auf ein Plakat, das ich vermutlich schon viele Male zuvor gesehen hatte. Es zitierte folgenden Satz von Albert Einstein:

*Die reinste Form des Wahnsinns ist es, alles beim Alten zu lassen und gleichzeitig zu hoffen, dass sich etwas ändert.*

Ich hatte das Gefühl, Einstein säße in der Bahn neben mir und gäbe mir einen Tritt in den Hintern. Mir wurde klar, dass ich mit meiner Gesundheit anders umgehen musste.

Ich wünschte, ich hätte damals gewusst, dass 95 Prozent des Glückshormons Serotonin im Darm gebildet werden. Für das zweite Gehirn, wie ich meinen Darm heute nenne, gut zu sorgen, ist der erste Schritt zur Besserung.

## Vorsorge und Ernährungsberatung

Ich spürte, wie mein innerer Hausarzt zu neuem Leben erwachte – was musste ich ändern, um diesen zerstörerischen Kreislauf zu durchbrechen? Auf Anraten gut informierter Freunde ging ich zu einem Heilpraktiker und einem Ernährungsberater. Mich beeindruckte, dass ich noch vor meinem Gespräch mit dem Ernährungsberater gebeten wurde, einen Fragebogen zu Lebensmitteln und Essgewohnheiten auszufüllen und zehn Tage lang ein Ernährungsprotokoll zu führen. Mein Speiseplan (der mir bis dahin immer ziemlich gesund vorgekommen war) sah ungefähr so aus:

**7.30 Uhr Frühstück:** mit Wasser zubereiteter Haferbrei, Obst, eine Tasse Kaffee oder Toast mit Erdnussbutter

**13 Uhr Mittagessen:** Sandwich mit gegrilltem Geflügelfleisch (ohne Mayo, kalorienbewusst!)

**15 Uhr Imbiss:** Frozen Yogurt mit Früchten und meistens eine Tasse Kaffee

**20 Uhr Abendessen:** irgendwas zum Mitnehmen

Mir dämmerte, dass in dieser Liste etwas Entscheidendes fehlte: frisches Gemüse.

## Darm fit, alles fit!

Nach zahlreichen Tests, um Nahrungsmittelunverträglichkeiten auszuschließen, war mein Ernährungsberater zuversichtlich, dass ich meine Infektionen unter Kontrolle bekommen und sich meine Niedergeschlagenheit bessern würde, wenn ich meine Ernährung von Grund auf umkrempelte: vor allem weniger Fertignahrung und Zucker und viel mehr Rohkost. Die Fertiggerichte und der regelmäßige Kaffee- und Weinkonsum hatten zu einer Übersäuerung meines Systems geführt. Dank der Antibiotika waren kaum noch gute Bakterien übrig, um gegen Krankheiten anzukämpfen, und mein zweites Gehirn (Darm) war weit davon entfernt, genug Serotonin produzieren zu können, damit mein erstes Gehirn glücklich bleiben konnte. Ich war voller Hoffnung und beflügelt, dass ich meine Gesundheit selbst in der Hand hatte und die Lösung so einfach war: mehr Gemüse und weniger Junkfood.

## CTRL + ALT + DELETE für einen Neustart

Als erste Maßnahme verordnete mir mein Ernährungsberater eine fünftägige innere Reinigung mithilfe von Säften, um die Giftstoffe auszuleiten und meinen Körper mit basischen Nährstoffen (Seiten 17–19) zu versorgen. Für einen leidenschaftlichen Esser wie mich war die Vorstellung, feste Nahrung durch flüssige zu ersetzen, ziemlich ungewöhnlich, aber ich musste etwas ändern. Das hatte mir Einstein in der U-Bahn klargemacht. Also begann ich mit meiner Saftkur.

Der erste Tag fiel mir überraschend leicht. Am zweiten hatte ich Kopfschmerzen, fühlte mich schlapp und wusste nicht, wie ich die fünf Tage überstehen sollte. Aber ich hatte mich entschieden, und ein bisschen Saft konnte mir keine Angst einflößen. Also hielt ich durch und war am Ende des dritten Tages über den Berg. Was mich wirklich anspornte, war die geistige Klarheit, die sich sehr schnell einstellte. Ich konnte wieder eine ganze Seite lesen, ohne abzuschweifen, und ich schlief wie ein Baby. Obwohl mir das Gefühl des Kauens fehlte, kam kein Hunger auf, und mit jedem Schluck grünem Saft spürte ich, wie gut es tat, dass meine Zellen die Giftstoffe ausschieden und lebenswichtige Nährstoffe gierig aufsaugten. Am Ende des fünften Tages hatte ich das Gefühl, wieder Herrin meiner Gesundheit zu sein, und war begeistert von meinem flachen Bauch.

## Eine Saftkur stärkt die Selbstheilungskräfte Ihres Körpers

Detox-Programme erklären, wie man entgiftet, aber ich wollte wissen, wie es danach weitergeht. Wie sollte ich diesen positiven Schub nach der

Reinigung und meine neu gewonnene Energie nutzen, um meine Gesundheit langfristig so gut in Form zu halten? Ich war in der Lage, den Rest meines Lebens mithilfe meiner Ernährung neu zu gestalten, und ich wusste, dass eine Saftkur immer dann, wenn ich mich nicht gut fühlte, einen Neustart ermöglichte. Nach weiteren Terminen bei meinem Ernährungsberater und einer Behandlung mit Probiotika zum Aufbau der Darmflora begann für mich ein neuer Lebensweg ohne Antibiotika, Infekte und Depressionen.

Sobald ich mich körperlich wieder gut fühlte, strahlte ich positive Energie aus und war offen für andere Menschen. Nachdem ich mich innerlich geheilt hatte, lernte ich Liebe und Nähe wieder zu schätzen. Ich begegnete meinem späteren Ehemann, der auch der Vater meines Kindes wurde und bis heute mein Fels in der Brandung ist. Mein nach und nach gesammeltes Wissen regte mich dazu an, meine Ernährung fortlaufend zu verändern, um gesund zu bleiben.

Als ich 2009 nach Großbritannien kam, konnte ich die Gemüsesäfte, an die ich mich so gewöhnt hatte, nirgends kaufen. Also packte ich den Stier bei den Hörnern und startete meine eigene Saftmanufaktur PLENISH. Ich schreibe dieses Buch, damit Sie nicht wie ich am Tiefpunkt ankommen oder auf eine Begegnung mit Einstein hoffen müssen, um Ihrem Leben eine neue Richtung zu geben!

## Hören Sie auf Ihren inneren Arzt

Die meisten Leute stellen sich unter medizinischem Fortschritt Laserchirurgie oder ein neues Medikament vor, für dessen Entwicklung ein Pharmakonzern zig Millionen ausgegeben hat. Wenn man es nicht am eigenen Leib erlebt hat, glaubt man kaum, wie maßgeblich einfache Faktoren – zum Beispiel, was wir essen, wie wir mit Stress umgehen, wie viel Sport wir treiben und wie viel Liebe und Nähe wir erfahren – unsere Gesundheit beeinträchtigen können. Aber genau das ist der Fall. Absolut.

Wenn Sie dieses Buch lesen, stehen Sie ganz klar an der Schwelle zu Ihrer ganz persönlichen gesundheitlichen Entfaltung. Diese Seiten bieten eine sichere Grundlage, um Ihre Gesundheit selbst in die Hand nehmen zu können. Gehen Sie also auf die Suche nach Ihrem inneren Hausarzt und überprüfen Sie Ihre Gesundheitsrisiken.

## Auf welcher Seite wollen Sie stehen?

Viele Menschen führen ein hektisches Leben und ignorieren die Signale, die ihr Körper aussendet. Anstatt einen Gang herunterzuschalten, wenn wir uns erschöpft fühlen, tippen wir auf die Taste »ignorieren« und funktionieren weiter wie bisher – mithilfe von Kaffee, Industriezucker und Kurzzeitlösungen, die uns immer weiter von dem Fundament unserer Gesundheit entfernen. Die entscheidende Frage ist: Tun Sie, was nötig ist, um zu überleben, aber nicht genug, um gut und gesund zu leben?

## Was Sie selbst tun können

Ich werde oft nach der Geschichte hinter dem Namen »PLENISH« gefragt. Mit gesunden Säften kann man dem Körper einen permanenten Vorsprung verschaffen. Wir alle sollten Vorsorge betreiben und beizeiten an den richtigen Stellschrauben drehen, um gar nicht erst in die Lage zu geraten, leere Reserven auffüllen zu müssen. Durch die präventive Versorgung der Zellen und des Körpers mit allem, was er braucht – sekundäre Pflanzenstoffe, Vitamine, Mineralstoffe und Antioxidantien –, kann er seine Selbstheilungskräfte aktivieren und dazu beitragen, Krankheiten zu verhindern.

Mit diesem Buch möchte ich Ihnen das Wissen und die Mittel an die Hand geben, um gut und gesund zu leben. Wenn Sie das Gefühl haben, dass die Herausforderungen des Alltags an Ihnen zehren, bekommen Sie nun einen Leitfaden, um Ihr System neu zu starten, indem Sie Ihre Zellen wieder auftanken und ihnen zu neuer Bestform verhelfen.

Sie sitzen am Steuer. Brechen Sie dank Ihrer neuen Erkenntnisse mit schlechten Essgewohnheiten, bevor diese Sie zerbrechen. Schnallen Sie sich an, treten Sie das Gaspedal voll durch und auf geht es ans Entsaften!

Auf Ihre Gesundheit!

Kara xo

10
8
6
4
2

# Karas »Kabinett«

Mir ist sehr wohl bewusst, dass die Menge an Informationen zu Ernährung und Gesundheit unüberschaubar ist. Aber mit diesem Buch möchte ich Ihrem inneren Hausarzt das Selbstvertrauen geben, den passenden Weg zu Gesundheit und Wohlergehen zu finden. Statt auf Medikamente können Sie hier auf Ernährung setzen und Ihre Gesundheitsprobleme mit pflanzlicher Nahrung an der Wurzel packen.

Es ist unmöglich, in jeder Hinsicht zu einem Gesundheits- und Ernährungsexperten zu werden. Sie brauchen also Menschen, denen Sie vertrauen können und die Sie bei gesundheitlichen Fragen unterstützen. Auch ich habe meine persönlichen Expertinnen, die mir mit Informationen sowie Rat und Tat in Sachen Ernährung und Wellness zur Seite stehen.

## Mein kleines Expertenteam

Expertin Nr. 1:
### Romina Pulichino

Romina Pulichino ist Ernährungsberaterin mit einem Master in Betriebswirtschaft. Nach Beendigung ihres Studiums in den USA spezialisierte sie sich am Brigham and Women's Hospital der Harvard Medical School in Boston (Massachusetts) auf Ernährung.

Romi arbeitete vornehmlich im klinischen Bereich mit Patienten mit unterschiedlichem sozio-ökonomischem Hintergrund und ernährungsbedingten Problemen. Ihre Gesundheitsphilosophie lautet: »Man ist, was man isst und was man denkt.«

Romi war von Anfang an bei meiner Saftmanufaktur dabei und für das Sortiment, seinen Nährstoffgehalt und seine Zusammensetzung zuständig.

#### Spezialgebiete

- klinische Ernährung
- Herz-Kreislauf-Gesundheit
- metabolisches Syndrom
- Gesundheit des Magen-Darm-Trakts
- Übergewicht/Fettleibigkeit
- bewusstes Essen

Twitter: @rominapulichino

Expertin Nr. 2:
## Eve Kalinik

Nach ihrem Studium an der Hochschule für naturheilkundliche Medizin in London wollte Eve für die Vorteile guter Ernährung werben und vermitteln, wie Nahrungsmittel die natürliche Selbstheilung des Körpers fördern. »Essen ist meine Leidenschaft. Ich bereite nicht nur gern leckere Gerichte zu, sondern erforsche auch, wie gutes Essen und Wohlbefinden zusammenhängen«, erklärt sie.

Eve entwickelt individuell zugeschnittene Pläne für eine lebenslange gute Ernährung. Sie plädiert nicht für reine Kalorienbeschränkung, rät aber zu einer nahrhaften und therapeutisch wirksamen Ernährung, um Vitalität und Wohlbefinden zu stärken. Nach vielen Jahren in einem stressigen Job weiß sie, wie schwierig es ist, die eigene Alltagsroutine zu ändern, und hat deshalb bei ihren Ernährungsprogrammen das »echte Leben« im Blick.

Eve betont die Bedeutung pflanzlicher Nahrungsmittel und fördert die praktische Umsetzung gesunder Ernährung. Neben ihrer Praxis veranstaltet sie interaktive Workshops sowie Supper Clubs und hat an zahlreichen Veröffentlichungen zum Thema gesunde Ernährung mitgewirkt.

Seit 2013 verhilft Eve PLENISH-Kunden in Einzeltherapien durch Ernährungsumstellungen zu einer gesünderen und zufriedeneren Zukunft. Außerdem entwickelte sie die Rezepte für die Gerichte vor und nach der Saftkur (Seiten 122–137).

### Spezialgebiete

- Darmgesundheit
- Gesundheit der Haut
- Stressmanagement
- Entwicklung von Rezepten
- interaktive Workshops

Webseite: www.evekalinik.com

Expertin Nr. 3:
## Gabriela Peacock

Gabriela Peacock hat einen Bachelor in Gesundheitswissenschaften (Ernährungstherapie) von der University of Westminster und ein Diplom in Ernährungstherapie vom College of Naturopathic Medicine (CNM).

Als ehemaliges Fotomodell lernte Gabriela, wie wichtig eine gute Ernährung ist. Gabriela ist überzeugt davon, dass bestimmte Nährstoffe und unser Lebensstil sich positiv auf unseren Körper und unser Leben auswirken und erheblich zu jugendlichem Aussehen, reinem Teint und mehr Energie beitragen können. Sie setzt auf Vollwertkost, gibt Ratschläge zu Ernährung und Lebensweise und entlarvt populäre Mythen, die in den Medien verbreitet werden.

Gabriela befasst sich damit, biochemische Ungleichgewichte zu ermitteln, die unserem Wohlbefinden im Wege stehen. In ihrer Privatpraxis führt sie Beratungen durch, die auf die Stärkung der Gesundheit mithilfe von nährstoffreichen Lebensmitteln und entsprechenden Nahrungsergänzungsmitteln ausgerichtet sind.

Gabriela arbeitet patientenorientiert und evidenzbasiert, das heißt, sie bezieht die individuellen Bedürfnisse und gesundheitlichen Ziele ihrer Patienten mit ein.

### Spezialgebiete

- Gewichtskontrolle
- Entgiftung und Leberreinigung
- Unterstützung des Immunsystems
- Gesundheit der Haut und Alterungsprozesse

Webseite: www.gpnutrition.co.uk
Instagram: GP_NUTRITION
Twitter: GPnutrition

Expertin Nr. 4:

## Dr Nigma Talib

Nigma Talib schloss ihr Studium an der kanadischen Hochschule für naturheilkundliche Medizin im Jahr 2002 ab. Dr. Talib ist Gründerin und Inhaberin des West Vancouver Wellness Centre in British Columbia, wo sie in den Prüfungs- und Qualitätssicherungsausschüssen an der Hochschule für naturheilkundliche Ärzte in British Columbia tätig war, und betreibt derzeit je eine Naturheilkundepraxis in London und in New York. Neben der Behandlung chronischer Krankheiten unterstützt sie Patienten dabei, durch innere Anwendungen und mit »Facelift-Techniken ohne OP« weniger schnell zu altern. Auch Hollywood-Stars suchen sie regelmäßig für Verjüngungsbehandlungen auf.

Dr. Talib hält außerdem regelmäßig Vorträge über medizinisch wirksame Lebensmittel, gibt Weiterbildungskurse für naturheilkundliche Ärzte in ganz Großbritannien und schreibt Artikel über den wirksamen Einsatz von ergänzenden Heilmethoden in zahlreichen Lifestyle-Magazinen. Dr. Talib wurde der Princeton Global Award für ihre Leistung als eine der besten Naturheilkundeärztinnen in ihrem Bereich verliehen.

### Spezialgebiete

- naturheilkundliche Medizin
- Akupunktur und Traditionelle Chinesische Medizin
- Pflanzenheilkunde
- Homöopathie und funktionelle Lebensmittel
- Individuell ausgerichtete Facelift-Behandlungen ohne OP
- Anti-Aging, optimale Gesundheit und Wellness

Webseite: www.healthydoc.com

Expertin Nr. 5:

## Henrietta Norton

Henrietta Norton arbeitet seit 2005 als Ernährungsberaterin im Bereich Frauengesundheit. Sie hat sich auf Fruchtbarkeits- und Schwangerschaftsthemen spezialisiert und ist in der medizinischen Praxis im Grace Belgravia und in ihrer eigenen Praxis in East Sussex tätig. Henrietta ist Autorin des Buches *Take Control of Your Endometriosis.* Sie ist Mitglied der Britischen Vereinigung für angewandte Ernährung und Ernährungstherapie (BANT), des Rats für Ernährungstherapie (NTC) sowie außerordentliches Mitglied der Königlichen Gesellschaft für Medizin (RSM). Sie arbeitet darüber hinaus bei Foresight als Beraterin zur Vorbereitung auf die Schwangerschaft, ist Absolventin des Instituts für funktionelle Medizin (AFMCP) und beendet gerade ihr Masterstudium in Ernährungsmedizin an der Universität von Surrey.

Henrietta ist Mitbegründerin von Wild Nutrition, einer Marke für natürliche Nahrungsergänzungsmittel.

Außerdem hat Henrietta selbst drei kleine Kinder und kennt deshalb die Probleme rund um Fruchtbarkeit, Schwangerschaft und Geburt aus erster Hand.

### Spezialgebiete

- Vorbereitung auf die Schwangerschaft
- Schwangerschaft
- hormonelle Gesundheit von Frauen
- Entgiftung

Webseite: www.henriettanorton.com

# Hintergrundwissen

Jeder sollte seinen Körper so gut kennen wie ein Taxifahrer seine Stadt – die Nebenstraßen und Sperren, die einer optimalen Gesundheit im Wege stehen und was bei einem Stau im Verdauungssystem zu tun ist. Die gute Nachricht ist, dass die Lösungen für all diese Probleme auf dem Wochenmarkt oder sogar im Supermarkt zu finden sind. Besuchen Sie statt Apotheken lieber regelmäßig Ihren örtlichen Biomarkt und Ihr Kühlschrank wird bald zu Ihrem neuen Arzneikästchen werden.

In diesem Kapitel möchte ich grundlegende Kenntnisse über das Verdauungssystem vermitteln, damit Sie sich besser um das Ihrige kümmern können. Es ist wichtig, aufzuzeigen, warum ein ausgewogener Säure-Basen-Haushalt, also ein neutraler pH-Wert im Blut, optimal für Ihren Körper ist. Ihre besten Helfer sind dabei rohe Gemüse- und Obstsorten, die reich an Chlorophyll und anderen wertvollen Substanzen sind, den sogenannten sekundären Pflanzenstoffen.

Die Funktionsweise des Darms zu kennen, ist für die Immunstärkung und das gesamte gesundheitliche Wohlergehen sehr wichtig. Ich selbst hatte mit Depressionen und immer wiederkehrenden Infektionen zu kämpfen (Seite 7). Erst das Wissen darum, wie mein Darm arbeitet, half mir zu entdecken, wie mich mein innerer Hausarzt bei Problemen unterstützt. Erinnern Sie sich an Situationen, in denen sich Ihr Bauch positiv oder negativ bemerkbar gemacht hat? Ein mulmiges Bauchgefühl ist die erste Reaktion auf eine schlechte Nachricht. Waren Sie verliebt und hatten Schmetterlinge im Bauch? Der Darm ist unser emotionales Navigationssystem, deshalb müssen wir alles daran setzen, dass er gesund bleibt.

# Die Darmgesundheit

## Eine Reise durch das Verdauungssystem

Als ich mit meiner Saftmanufaktur begann, holte ich Romi Pulichino ins Boot, eine von mir hochgeschätzte Expertin und Ernährungswissenschaftlerin (Seite 11), die im September 2012 mit mir das Unternehmen gründete, und bat sie, auf gut verständliche Weise in ihrer sachlichen Art das Verdauungssystem zu erklären.

## Hunger stillen, nicht killen

Auf die Frage, warum sie essen, antworten viele Menschen: »Weil ich hungrig bin.« Doch den Sinn des Essens mit der Beseitigung von Hunger zu erklären, ist eine allzu kurz gegriffene Begründung dafür, warum der Mensch sich Nahrung in den Mund schiebt. Wir essen, um Billionen von Körperzellen mit lebenswichtigen Nähr und Vitalstoffen zu versorgen, damit sie ihre Funktionen erfüllen und uns gesund und munter halten können.

Verdauung ist der Vorgang, etwas »Großes«, ob ein Stück Pizza oder einen Smoothie, in mikroskopisch kleine Nährstoffe zu verwandeln, die über das Blut in die Zellen transportiert werden. Das Verdauungssystem übernimmt dabei drei wichtige Aufgaben, die dafür sorgen, dass die Nährstoffe aus unserem Essen ins Blut gelangen:

- es verflüssigt die Speisen,
- es extrahiert Nährstoffe und Wasser,
- es scheidet aus, was nutzlos ist.

## 1. **Das Gehirn:** wo alles beginnt

Verdauung setzt nicht dann ein, wenn man zum Kellner sagt: »Sie können abräumen, ich bin satt.« Der eigentliche Prozess beginnt im Gehirn. Diese Kommandozentrale signalisiert den Drüsen, sich bereit zu machen. Sobald man an seine nächste Mahlzeit denkt, beginnen Drüsen im Mund und im Magen Enzyme freizusetzen. Diese Enzyme sind unsere größten Verbündeten, denn zusammen mit Zähnen und Magensäure helfen sie bei der Verarbeitung unserer Nahrung.

## 2. **Der Mund:** kauen ist verdauen

Der Mund leistet bei der Verdauung wichtige Vorarbeit. Während des ganzen Vorgangs ist das Kauen die einzige Möglichkeit, eine gewisse Kontrolle über die Verdauung auszuüben. Man kann schon durch gründliches Kauen die Nährstoffaufnahme verbessern und spätere Beschwerden vermindern. Nach dieser ersten Aufspaltung ist die Nahrung mit Speichel und Enzymen angereichert, sodass die Verdauung sozusagen offiziell begonnen hat. Der Nahrungsbrei wandert nun durch die Speiseröhre vom Mund in den Magen.

## 3. **Der Magen:** hier wird geknetet

Der Magen hat KEINE Zähne! Wird die Nahrung zu wenig gekaut, steuert der Magen nur ein paar Enzyme und etwas Magensäure bei und knetet, so gut er kann. Nach einer Mahlzeit verspüren viele ein Völlegefühl im Brustkorb oder saures Aufstoßen. Das kann viele Ursachen haben, häufig ist der Grund einfach nur schlecht gekaute Nahrung, insbesondere, wenn es sich dabei um tierische Lebensmittel handelt. Also: langsamer essen und beim Kauen auch die Backenzähne einsetzen, wie es sich für einen Homo sapiens gehört.

## 4. **Dünndarm und Leber:** alles fließt

Nach dem Besuch im schwer arbeitenden Magen wandert der Speisebrei weiter zum Dünndarm. Er ist unser bester Freund, denn er hilft dabei, die Verdauung abzuschließen. Sowohl Bauchspeicheldrüsensekret als auch Gallenflüssigkeit fließen hierher, beide enthalten viele Enzyme, die alles Mögliche aufspalten: Kohlenhydrate, Proteine, Fette, Vitamine und Mineralstoffe. Aufgenommen werden diese Nährstoffmoleküle in die Blut- und Lymphgefäße durch Darmzotten – fingerförmige Ausstülpungen in der Schleimhaut des Dünndarms. Dann werden sie zur Leber transportiert, nochmals gefiltert und schließlich über das Blut zur Versorgung jeder einzelnen Körperzelle ausgesandt.

## 5. Das Colon: Ausmisten – im wahrsten Sinne des Wortes!

Alle Rückstände und unverdauten Materialien, auch abgestorbene Zellen aus dem Verdauungstrakt, wandern weiter bis zum Dickdarm, wo ihnen Wasser entzogen wird und sie sich zu Kot verfestigen. Wer sich gesund und vollwertig ernährt, hat in der Regel keine Probleme mit dem »Ausmisten«, was jedoch ganz anders aussehen kann, wenn viele tierische und stark verarbeitete Produkte verzehrt werden. Der Dickdarm ist ein zentrales Entgiftungsorgan, und es ist für eine rundum gute Versorgung enorm wichtig, dass er rein und kraftvoll bleibt. Wer will schon Abfall- und Giftstoffe im Körper haben, die alle möglichen Gesundheitsprobleme mit sich bringen? Raus damit, und zwar schleunigst. Eine vorwiegend pflanzliche, vollwertige Ernährung, die dafür sorgt, dass nichts ins Stocken gerät und alles rasch ausgeschieden wird, in Verbindung mit einer Saftkur, wenn der Körper nicht fit ist, hilft dabei, das Verdauungssystem gesund und jung zu erhalten. Und dieses wiederum fördert die geistige und körperliche Gesundheit.

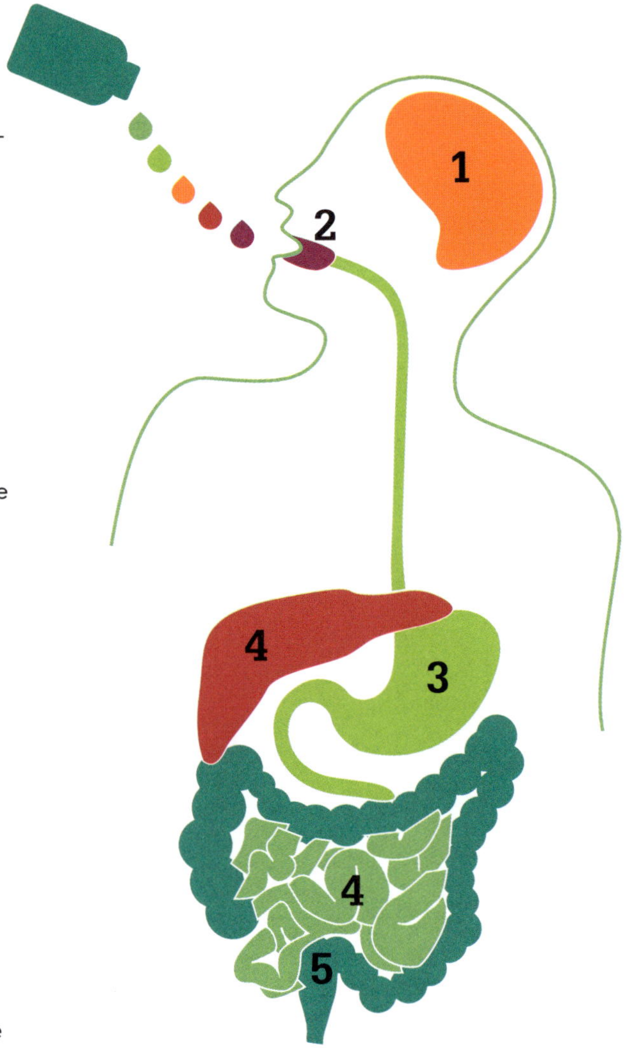


## Darm gut, alles gut

Wenn Ihnen jemand erzählt, das, was Sie fühlen, spiele sich »nur in Ihrem Kopf« ab, dann entgegnen Sie, dass Lethargie eine Folge von Verstopfung sein kann. Fühlen Sie sich lustlos und geistig ausgelaugt? Überprüfen Sie doch einfach mal Ihre Ess- und Stuhlgewohnheiten. Der Magen-Darm-Trakt wird auch als das zweite Gehirn bezeichnet, denn seine Wände enthalten mehr als 100 Millionen Neuronen (und damit mehr als das Rückenmark). Hier arbeiten mehr als 30 Neurotransmitter und es werden über 90 Prozent des körpereigenen Wohlfühlhormons Serotonin hergestellt. Wenn der Darm Nährstoffe nicht richtig aufnimmt und Rückstände nicht regelmäßig ausscheidet, kommt es zu Entzündungen und Gewebeschäden und Ihr zweites Hirn läuft nicht mehr auf vollen Touren.

Eine ballaststoffreiche Ernährung mit vielen antioxidantienreichen Obst- und Gemüsesorten stärkt von innen heraus und hilft, lästige Toxine im Zaum zu halten und Zellschäden, die durch freie Radikale verursacht wurden, zu reparieren. Wenn Sie sich erschöpft fühlen, dann fragen Sie sich: »Habe ich Verstopfung? Habe ich mich schlecht ernährt?« Ist das der Fall, hilft es meist, auf tierische und industrielle Produkte zu verzichten und sich durch eine Saftkur wieder in Form zu bringen.

# pHabelhaft in Form!

Der Säure-Basen-Haushalt

Nach diesem Schnellkurs zur Verdauung betrachten wir, welche Nahrungsmittel die Körperzellen am besten versorgen und wie ihr Verzehr sich auf unsere Gesundheit auswirkt.

## Alles im Lot

Der pH-Wert im Blut gibt Auskunft über den Säure-Basen-Haushalt. Dieser wird davon beeinflusst, wie sauer oder basisch man sich ernährt (zusammen mit weiteren Aspekten, darunter Stress). Ein niedriger pH-Wert deutet auf einen übersäuerten Körper hin (Seiten 18–19). Auf Zellebene hat dieser Zustand negative Folgen für die Gesundheit und zieht Erschöpfung, Osteoporose, Candida, Muskelverlust, Nierensteine und sogar eine Zunahme der zellschädigenden freien Radikale nach sich, einer der vielen Faktoren von Krebsentstehung.

Stellen Sie sich den Blut-pH-Wert als eine Lebenswelt mit zufriedenen, ausgeglichenen Bürgern (Zellen) vor, ohne Chaoten in Form freier »Radikale«. Der Körper bemüht sich stets um einen ausgeglichenen Säure-Basen-Haushalt – auch Homöostase genannt. Bei einer Übersäuerung greift er auf basische Mineralstoffe zurück, auch an Orten, wo sie eigentlich benötigt werden, etwa Ihren Zähnen, den Knochen und dem Körpergewebe.

*Vielen Un-Annehmlichkeiten beugen Sie wirkungsvoll vor, wenn es Ihnen gelingt, Ihr Blut- beziehungsweise Körpersystem basisch zu halten.*

## Ruhig Blut, niemand hetzt Sie

Bei Stress schüttet der Körper die säurebildenden Hormone Adrenalin und Cortisol aus. Erinnern Sie sich noch an den Biologieunterricht, als es darum ging, ob ein bedrängtes Tier sich für Abwehr oder Flucht entscheidet? Der Cortisol- und Adrenalinspiegel steigt an und macht das Tier bereit zu fliehen oder um sein Leben zu kämpfen. Nun hat wohl kaum jemand im Alltag Raubtierangriffe zu befürchten, aber dieselbe chemische Reaktion tritt ein, wenn man von seinem Chef gerügt wird, eine lang gehaltene Aktie abstürzt oder ein enges Terminkorsett eingehalten werden muss. Das hat Auswirkungen auf den pH-Wert unseres Körpers.

## Entsäuern – so gelingt's!

Das Essen und Trinken basischer Nahrungsmittel ist die einfachste und wirkungsvollste Methode, um die Zellen mit basischen Mineralstoffen aufzufüllen und den Körper auf dem Pfad optimalen Wohlbefindens zu halten. Ebenso wichtig ist die Verbindung von Körper und Geist, daher ist auch die mentale Einstellung immer einen Blick wert.

### Zur Ruhe kommen

Wege zu finden, um am Ende eines langen Arbeitstages auch innerlich zur Ruhe zu kommen – ob durch Sport, Treffen mit Freunden oder fünf Minuten Meditation –, kann erheblich zur Absenkung des Cortisolspiegels beitragen.

### Dem Körper Gutes tun

Der pH-Wert des Körpers lässt sich beeinflussen, indem man reichlich basische und weniger säurebildende, stark verarbeitete und tierische Nahrungsmittel verzehrt. Wohlgemerkt »weniger«, nicht »weglassen«, denn entscheidend ist die Ausgewogenheit. Einige basen- und säurebildende Nahrungsmittel sind hier aufgelistet und auf der nächsten Seite abgebildet.

**Säurebildner** Milchprodukte und milchhaltige Lebensmittel, Medikamente, Süßstoffe, industriell verarbeitete Nahrungsmittel wie Kuchen, Brot und Nudeln, tierisches Eiweiß aus Fleisch, Fisch und Proteinpulver, die meisten stärkehaltigen Gemüse- und Getreidesorten.

**Basenbildner** Die meisten Gemüsesorten, insbesondere solche ohne Stärke wie Blattsalat, Spinat, Grünkohl, Obst, Pseudogetreide wie Quinoa, Amaranth, Hirse und Teff (Zwerghirse).

3
4
5
6
7
8
9
Säurebildner
Basenbildr

## Der pH-Wert im Körper

Der pH-Wert wird in drei Stufen angegeben:

- über 7: basisches Milieu,
- genau 7: neutrales Milieu,
- unter 7: saures Milieu; je niedriger der Wert, desto saurer ist das Blut und desto weniger Sauerstoff kann es aufnehmen.

Mit Lackmuspapier aus der Apotheke können Sie den pH-Wert Ihres Urins selbst testen. Besser ist es jedoch, einen Arzt den pH-Wert Ihres Blutes bestimmen zu lassen. Der pH-Wert variiert im Laufe eines Tages außerdem stark, weshalb das Ergebnis irreführend sein kann. Das, was an einem bestimmten Tag verzehrt wird, wirkt sich nicht unmittelbar auf den Test aus (so zeigt sich nicht ein hoher Wert nach einer Pizza und dann ein sofortiger Abfall, nur weil man Gemüsesaft trinkt). Der kontinuierliche Verzehr vorwiegend basischer Nahrungsmittel ist der beste Ansatz für ein pHabelhaft basisches System.

### Expertentipp

Chlorophyll ist ein in grünen Gemüsen vorkommender pflanzlicher Farbstoff mit stark basenbildender Wirkung und somit eine regelrechte Vitalstoffbombe. Trinken oder essen Sie daher zu säurebildenden Speisen wie Fleisch, Fisch oder Eiern immer reichlich Grünes.

# Chlorophyll

## Flüssiger Sonnenschein

Wenn wir von Chlorophyll sprechen, sprechen wir auch über die Fotosynthese, daher frische ich kurz auf, was darunter zu verstehen ist.

> Substantiv: Fotosynthese. Biochemischer Vorgang, bei dem grüne Pflanzen Sonnenlicht nutzen, um aus Kohlendioxid und Wasser organische Verbindungen wie Glucose herzustellen. Die Fotosynthese gelingt dank des grünen, licht-absorbierenden Farbstoffs Chlorophyll und erzeugt als Nebenprodukt Sauerstoff.

Chlorophyll ist der Pflanzenstoff, der Pflanzen ihre grüne Farbe verleiht. Es nimmt die Energie der Sonne auf und wandelt mit ihrer Hilfe Kohlendioxid und Wasser in Kohlenhydrate um. Durch die Verdauung grüner Pflanzenteile nehmen Sie indirekt Sonnenenergie auf, weshalb man Chlorophyll auch »flüssigen Sonnenschein« nennt.

## Chlorophyll und Sauerstoff

Abgesehen davon, dass Chlorophyll Energie liefert, ähnelt sein molekularer Aufbau dem des menschlichen Hämoglobins, dem Sauerstoffträger im Blut, und dient beim Menschen ähnlich wie bei Pflanzen als Sauerstofflieferant. Unter dem Strich verbessert Chlorophyll den Sauerstofftransport in die Zellen, die dafür ihrerseits mehr Energie bereitstellen.

## Immer schön gesund

Chlorophyll wirkt zudem reinigend, weil es aus der Nahrung oder Luft aufgenommene Giftstoffe auszuleiten hilft.

Eine Studie im *Journal of Toxicological Sciences* in Japan (Quellenverzeichnis Seite 143) ergab, dass Mäuse, denen Chlorophyll zugeführt wurde, mehr Giftstoffe ausleiteten (insbesondere Quecksilber) als die Kontrollgruppe. Das legt nahe, dass die quecksilberbindenden Eigenschaften des Chlorophylls auch beim Menschen wirken.

Durch das Entsaften grüner Gemüsesorten lassen sich sehr leicht große Mengen Chlorophyll aufnehmen. Beim Entsaften werden die wertvollen Nährstoffe des Chlorophylls freigesetzt und können von den Körperzellen sofort resorbiert werden.

# Natur pur

## Die Vorzüge naturbelassener Nahrung

Ich habe viele Freunde (und Klienten), die der Begriff »Rohkost« abschreckt, weil sie dahinter eine radikale oder weltfremde Lebensweise asketischer Yogis vermuten. Dabei ist doch rohe Nahrung die einfachste Art zu essen überhaupt: kein Kochen, keine Saucen, kaum Abwasch. Rohkost bedeutet, pflanzliche Nahrungsmittel in natürlichem Zustand (also nicht erhitzt) zu essen, sowie vollwertige Nahrungsmittel, die nicht über 40–45 Grad Celsius erhitzt, chemisch konserviert oder raffiniert wurden. Was ist daran radikal oder weltfremd?

### Leben spendende Kräfte

Frische, pflanzliche Nahrungsmittel sind buchstäblich Leben spendend. Sie enthalten Vitamine, Mineralstoffe, sekundäre Pflanzenstoffe und Enzyme, die unsere Zellen mit Sauerstoff und Nährstoffen versorgen und unseren Körper bei der Ausleitung von Giftstoffen unterstützen. Durch Erhitzen (über 42 Grad Celsius) verlieren Nahrungsmittel viele ihrer wertvollen Inhaltsstoffe und haben nicht mehr dieselbe Heilwirkung wie in rohem Zustand.

### Wertvolles Rohmaterial

Es ist keineswegs so, dass erhitzte Speisen schlecht sind. Um Krankheiten abzuwenden und das Wohlbefinden zu steigern, lohnt es sich aber, das Verhältnis von Rohkost und erhitzten Speisen genauer zu betrachten. Das Optimum wären 80 Prozent Rohkost zu 20 Prozent gekochten Speisen (Teller A). Versuchen Sie es anfangs mit einem Verhältnis von 60:40 (Teller B) und steigern Sie sich dann. Davon abgesehen ist der Nährstoffbedarf bei jedem Menschen anders und starre Regeln gibt es nicht. Versuchen Sie es mit einem Rohkostanteil zwischen 60 und 80 Prozent und Sie werden spüren, welches Ihr persönliches Idealverhältnis ist.

### In rohen Mengen

In einen Saft passen mehr als zwei Kilogramm rohes Obst und Gemüse – da wird schnell klar, wie mühelos frischer Saft den Rohkostanteil in die Höhe treibt. Entsaften ist eine leichte und praktische Methode zur Steigerung der Rohkostaufnahme. Wird ein großer Teil der Nahrung als Rohkost verzehrt, bleiben all die Vitamine, Mineralstoffe und sekundären Pflanzenstoffe erhalten, die den Körper von innen heraus mit frischer Kraft auftanken.

**A**

**B**

# Sekundäre Pflanzenstoffe

## Das Pflanzenkraftwerk

Sekundäre Pflanzenstoffe (auch Phytochemikalien genannt) sind kleine, vitalstoffreiche Verbindungen, die von Pflanzen selbst produziert werden, um sich vor Gesundheitsrisiken wie Bakterien und Viren zu schützen. Wer pflanzliche Lebensmittel isst, profitiert von den Schutzeigenschaften der mit aufgenommenen sekundären Pflanzenstoffe.

## Eine kunterbunte Farbpalette

Den sekundären Pflanzenstoffen verdanken Obst und Gemüse ihre kräftigen Farben – denken Sie nur an leuchtend orangefarbene Möhren, tiefrote Paprikaschoten oder dunkelvioletten Kohl.

Aus jüngeren Studien geht hervor, dass der reichliche Genuss von Lebensmitteln mit sekundären Pflanzenstoffen wie buntem Obst und Gemüse, Nüssen, vollem Getreidekorn und Bohnen den Zellen Schutz vor freien Radikalen bietet. Darüber hinaus wird ihnen zugesprochen, das Entstehungsrisiko bestimmter Krebsarten sowie von Herzerkrankungen und Bluthochdruck zu verringern.

Es gibt Abertausende sekundärer Pflanzenstoffe, gut erforscht ist der gesundheitliche Nutzen allerdings erst bei wenigen. Anders als bei Vitaminen und Mineralstoffen gibt es für sekundäre Pflanzenstoffe kein RDA, also keine empfohlene Tagesdosis. Schlemmen Sie sich daher getrost durch einen Regenbogen aus buntem Obst und Gemüse, um die optimale Menge an Pflanzenstoffen aufzunehmen.

# Zucker

## Süß ist nicht gleich süß

Zucker wird als einer der größten Verursacher von Diabetes, Fettleibigkeit und Krebs diskutiert, eine pauschale Darstellung verschleiert jedoch, in welcher Form Zucker gesund ist und in welcher er vermieden werden sollte. Die Ernährungstherapeutin Gabriela Peacock (Seite 12) fasst hier die Vor- und Nachteile der verschiedenen Zuckerarten zusammen.

### Zwei Arten Kohlenhydrate

Kohlenhydrate teilen wir in zwei Klassen ein:

**Komplexe Kohlenhydrate** bestehen aus vielen chemisch miteinander verbundenen Einfachzuckern. Je mehr Verbindungen, desto komplexer ist das Kohlenhydrat, und je komplexer es ist, desto langsamer wird es abgebaut. Komplexe Kohlenhydrate sind besser, denn sie geben Zucker nur langsam in das Blut ab und halten daher das Energieniveau konstant.

**Einfache Kohlenhydrate** sind entweder Monosaccharide (Einfachzucker) oder Disaccharide (Zweifachzucker). Die wichtigsten Monosaccharide in Nahrungsmitteln sind Glucose und Fructose, die wichtigsten Disaccharide sind Saccharose (Rüben- oder Rohrzucker) und Lactose (enthalten in Milch).

### Wie der Körper Zucker verwertet

Glucose ist die vorrangige Energiequelle für das Funktionieren jeder einzelnen Zelle und zudem der Grundbaustein komplexer Stärkeverbindungen. Spricht man über Blutzucker, dann ist damit der Glucosegehalt im Blut gemeint. Wenn wir Kohlenhydrate zu uns nehmen, baut der Körper diese zu Glucose ab. Sobald der Blutzuckerspiegel ansteigt, setzen Zellen in der Bauchspeicheldrüse Insulin frei, was den übrigen Zellen signalisiert, Glucose aus dem Blut aufzunehmen – der Glucosespiegel sinkt.

### Frucht- oder raffinierter Zucker?

**Fructose** (Fruchtzucker) ist ein in Pflanzen vorkommender Einfachzucker. Sie ist etwa eineinhalb Mal so süß wie Saccharose (unten). Die Nahrungsmittelindustrie verarbeitet natürliche Fructose zu übersüßem Maissirup, auch Glucose-Fructose-Sirup oder HFCS genannt. Die weltweit zunehmende Verwendung dieser Süßstoffe in Softdrinks und Nahrungsmitteln bringt mit sich, dass sehr viel mehr Fructose konsumiert wird. Dabei darf man nicht die in Obst und Gemüse vorkommende natürliche Fructose mit der in HFCS oder anderen Süßungsmitteln verwechseln.

**Saccharose** ist der in vielen Nahrungsmitteln vorhandene weiße Kristallzucker. Dieser Raffinadezucker, halb Glucose, halb Fructose, wird im Dünndarm in seine Bestandteile zerlegt, was einen sofortigen Anstieg des Blutzuckerspiegels zur Folge hat. Aufgrund des Glucosegehalts hat Saccharose einen hohen glykämischen Index (GI) von 65. Dagegen wirkt sich natürliche Fructose nicht auf die Insulinproduktion aus, erhöht den Blutzuckerspiegel nicht und hat einen niedrigeren GI als die in verarbeiteten Nahrungsmitteln. Die

Empfehlung an Diabetiker, Fructose zu verwenden, sehen Wissenschaftler aber mittlerweile differenziert.

Obst und Gemüse mit natürlich enthaltener Fructose und niedrigem GI sorgen dafür, dass Sie sich fit fühlen, und sie fördern die Fettverbrennung des Körpers. Mischen Sie am besten Gemüsesorten mit sehr niedrigem GI mit Fruchtsäften. So bleiben der Gesamtzuckergehalt niedrig und alle Vorzüge aus Obst und Gemüse (Enzyme, sekundäre Pflanzenstoffe, Vitamine und Mineralstoffe) erhalten.

## Der GI unter der Lupe

Der glykämische Index ist ein Maß zur Einteilung von Kohlenhydraten (Zucker) auf einer Skala von 0 (niedrig) bis 100 (hoch), die angibt, wie schnell ein Nahrungsmittel den Blutzuckerspiegel ansteigen lässt. Lebensmittel mit hohem GI werden schnell abgebaut, der Blutzuckerspiegel steigt rasch an. Die Ausschüttung von Insulin sorgt für einen Ausgleich des Blutzuckerspiegels, ein Mechanismus, der beeinträchtigt wird, wenn zu lange zu viele Nahrungsmittel mit hohem GI verzehrt werden, was Diabetes und andere chronische Krankheiten zur Folge haben kann. Verzehren Sie vorzugsweise Obst und Gemüse mit niedrigem GI. Meist deutet ein hoher GI auf raffinierte Einfachzucker hin, ein niedriger GI auf unraffinierte, komplexe Kohlenhydrate.

*Der GI wird durch Garen, Lagern und Verarbeiten beeinflusst. Rohes Obst oder Gemüse hat meist einen noch niedrigeren GI als gegartes.*

## Je niedriger, desto besser

**Obst und Gemüse mit besonders niedrigem GI:**

Äpfel und Birnen | Grapefruits, Zitronen und Limetten | Steinobst wie Kirschen, Pfirsiche und Pflaumen | Himbeeren und Heidelbeeren | Rhabarber | Möhren | grünes Blattgemüse

**Obst mit mittlerem GI:**

Ananas | Mangos | Papayas | Kiwis | Bananen | Wassermelonen

Name
Frau/Herr ..........................................................

Alter, wenn unter 12

Adresse ..........................................................

# Beschwerden



Datum

# Häufige Probleme

## Wo liegen Ihre gesundheitlichen Schwachstellen?

Bei mir waren es üble Streptokokken-Infektionen und Depressionen aufgrund einer völlig aus dem Gleichgewicht geratenen Darmflora, die mich nur noch durchhalten statt durchstarten ließen. Welches ist Ihre Baustelle? Gelenkschmerzen? Anhaltende Verstopfung, Heißhunger auf Süßes …? Zu uns kommen viele Menschen mit ganz unterschiedlichen Vorgeschichten, aber eines haben alle gemeinsam: Sie wollen mit einer Saftkur ihrer Gesundheit gewissermaßen einen Neustart ermöglichen. Die Auswahl der hier vorgestellten Probleme basiert auf Beschwerden, die wir bei unseren Kunden am häufigsten beobachtet haben, und wir hoffen, Ihnen auf diesem Weg eine Hilfestellung geben zu können. Die Expertinnen aus meinem Beraterteam (Seiten 10–13) haben sich zur Verfügung gestellt, um die Ursachen einiger häufiger Krankheitsbilder darzulegen.

Medizinische Behandlungen sind teuer, warum also nicht mehr für Nahrungsmittel ausgeben anstatt für Pillen und lieber vorbeugen als behandeln? So können Sie etwa anstatt teurem Kaffee den günstigeren grünen Tee kaufen und schon haben Sie Geld für Bio-Säfte übrig. Oder Sie gehen seltener aus und schaffen sich einen eigenen Entsafter an (Seite 56)!

### Erklärung der Symbole

Für jedes der in diesem Kapitel beschriebenen gesundheitlichen Probleme gibt es ein eigenes Symbol und einen dazu passenden Saft. Suchen Sie im Rezeptteil (Seiten 60–107) das zu Ihren Beschwerden passende Symbol. Das aufgeführte Rezept entspricht dann jeweils der Saftempfehlung.

| | | |
|---|---|---|
| Verstopfung | Übergewicht | Leberschwäche |
| Stress/ Nebennierenschwäche | Gicht | Probleme mit Fruchtbarkeit und Empfängnis |
| Erhöhte Cholesterinwerte | Bluthochdruck | Mangelnde Libido |
| Nachlassende Fitness | Arthrose | Schlafstörungen |
| Hautprobleme | | |

Alle vorgestellten Säfte können Sie natürlich auch trinken, wenn Sie keine Beschwerden haben, einfach weil sie gut schmecken!

# Verstopfung

Die Ausscheidung von Kot ist eine Grundvoraussetzung für einen gesunden Stoffwechsel. Jeder Mensch muss über die Nahrung lebenswichtige Nährstoffe aufnehmen und die nicht benötigten Reste und Giftstoffe über Stuhl, Urin und Schweiß wieder ausscheiden. Eine Störung dieses Vorgangs kann verheerende Folgen haben. Gabriela Peacock (Seite 12) erläutert, wie man den Verdauungsprozess in Gang hält und was zu tun ist, wenn das innere Transportsystem streikt.

## Was ist Verstopfung?

Verstopfung ist ein in jeder Altersstufe häufig anzutreffendes Problem. Beim Verdauungsvorgang (Seiten 15–16) werden die Nährstoffe aufgespalten und zum Großteil in den Blutkreislauf abgegeben. Das geschieht über die Leberpfortader, eine direkt zur Leber führende Vene. Ballaststoffe bleiben unverdaut im Darm, wo sie sich mit Abfallstoffen der Nahrung verbinden und den durch Muskelkontraktionen (Peristaltik) in Gang gesetzten Transport von Kot durch den Dickdarm unterstützen. Wenn das überschüssige Wasser absorbiert ist, werden die festen Nahrungsbestandteile bis zur Ausscheidung vorübergehend im Mastdarm gelagert. Bei Verstopfung bleiben die Abfallstoffe allerdings deutlich länger im Darm. Dadurch können einige der Giftstoffe wieder in den Blutkreislauf gelangen und die Leber belasten. Außerdem kann Verstopfung Hormonstörungen verstärken. Frauen bauen täglich große Mengen Östrogen in ihrer Leber ab und scheiden Reste durch den Stuhlgang aus. Frauen mit Verstopfung resorbieren viel von diesem Östrogen erneut, während es zurück zur Leber fließt.

## Sind Sie betroffen?

Zu den Symptomen gehören unregelmäßige und seltenere Stuhlentleerungen, Schwierigkeiten beim Stuhlgang und unvollständige Entleerung. Bei Verstopfung ist der Kot häufig hart, trocken oder klumpig. Dazu gesellen sich oft Blähungen, Völlegefühl und Bauchschmerzen. Symptome von Hormonstörungen als Folge von Verstopfung können sich durch das prämenstruelle Syndrom (PMS) und Regelschmerzen äußern. Verstopfungen können rasch und ohne bleibende Probleme vorübergehen. Eine chronische Verstopfung jedoch ist schmerzhaft und führt zu Komplikationen wie Hämorrhoiden und Inkontinenz. Die Diagnose wird meist auf der Basis der Symptome gestellt.

## Was ist die Ursache?

Die häufigste Ursache sind zu geringe Ballaststoff- oder Flüssigkeitsaufnahme, Veränderungen in der Alltagsroutine und Bewegungsmangel. Zu den weiteren Gründen zählen Stress, Medikamenteneinnahme sowie verwandte Krankheitsbilder wie das Reizdarmsyndrom. Wenig Bewegung und viel Sitzen wirken sich nachteilig auf die Verdauung aus, ebenso Veränderungen in der Ernährungsroutine, wie etwa im Rahmen einer Reise oder einer Schwangerschaft.

## Das hilft!

Es ist wichtig, viele Ballaststoffe und viel Flüssigkeit zu sich zu nehmen. Dadurch quillt der Kot auf, was für eine höhere Häufigkeit des Stuhlgangs sorgt und den Zeitraum zwischen Essen und Ausscheidung verkürzt.

### Warnung

Besprechen Sie Veränderungen beim Stuhlgang mit Ihrem Arzt, insbesondere, wenn Sie Anzeichen von Blut oder Schleim beobachten. Rote-Bete-Saft sorgt unter Umständen für eine rötliche Färbung von Kot und Urin, das ist kein Grund zur Sorge!

## Treibstoff für den Darm

Obst und Gemüse liefern dem Körper lösliche und unlösliche Ballaststoffe, die dabei helfen, Nahrungsreste durch den Verdauungstrakt zu transportieren. Erwachsene sollten, damit alles »glatt läuft«, täglich 25–35 Gramm Ballaststoffe zu sich nehmen. Beim Entsaften werden unlösliche Ballaststoffe, die die Verdauung bremsen, von der nährstoffreichen Flüssigkeit getrennt. Heraus kommt ein Saft voller Enzyme, wertvoller, leicht abbaubarer Zuckerarten, Sauerstoff und einer Fülle von Vitaminen, Mineralstoffen und sekundären Pflanzenstoffen, die leicht verstoffwechselt werden können und dadurch Verdauung sowie Leber unterstützen. So lagern sich keine Abfallstoffe im Darm ab, über die Giftstoffe wieder in den Blutkreislauf zurückgelangen könnten, für deren Ausleitung der Körper hart gearbeitet hat. Eine gute Ballaststoffquelle sind Haferflocken, Kleie und Schrot.

## Viel trinken, viel bewegen

Trinken Sie pro Tag mindestens sechs bis acht Gläser Wasser, gut sind auch Kräutertees mit Fenchel, Pfefferminze oder Brennnessel. Außerdem sollten Sie jeden Tag mindestens 20 Minuten Sport einplanen.

Frisch gepressten Saft trinken Sie am besten auf nüchternen Magen, dadurch erhöht sich im Dünndarm die Nährstoffaufnahme in den Blutkreislauf. Das Blut beliefert anschließend alle wichtigen Organe des Körpers mit einem Power Shot gut verwertbarer Nährstoffe. Der Saft entsäuert zudem (Seiten 17–19) und unterstützt Dünn- und Dickdarm darin, Wasser für eine optimale Ausscheidung zu binden.

# Die Naturapotheke

Für einen regelmäßigen Stuhlgang empfiehlt Gabriela das folgende Obst und Gemüse:

**Papayasaft** trägt mit seiner hohen Konzentration von Papain (ein eiweißspaltendes Enzym) dazu bei, Proteine in Magen und Darm aufzuspalten. Papaya unterstützt die Verdauung und Peristaltik im Darm, was wiederum einen regelmäßigen Stuhlgang fördert. Für viele, die über Beschwerden im Magen-Darm-Trakt klagen, insbesondere im Zusammenhang mit Blähungen oder einer Neigung zu Verstopfung, hat sich Papaya als große Hilfe erwiesen.

**Äpfel** enthalten Sorbit (auch Glucitol genannt), ein natürlich wirkendes Abführmittel. Es handelt sich um eine Art Zuckeralkohol, der langsam in den Blutkreislauf aufgenommen wird. Sorbit bindet Wasser im Darm und transportiert dieses so in den Dickdarm. Dabei erhöhen sich Feuchtigkeitsgehalt und Geschmeidigkeit des Kots, was wiederum einen regelmäßigen Stuhlgang fördert. Sorbit ist auch in Pflaumen, Pfirsichen und Birnen enthalten.

**Möhrensaft** wirkt unterstützend auf Lebertätigkeit und Gallenproduktion, was den Verdauungsprozess ankurbelt. Er bindet außerdem die Gallensäuren und fördert so die gesamte Verdauung und Darmperistaltik. Möhrensaft schmeckt süß, dabei ist der Zucker- und Kaloriengehalt niedriger als im Gemüse selbst. Nicht zu viel davon trinken, es sei denn, Sie legen Wert auf eine Dauerbräunung, denn der sekundäre Pflanzenstoff Betacarotin im Möhrensaft kann die Haut orange tönen.

## Der passende Saft

Seite 93: Locker vom Hocker

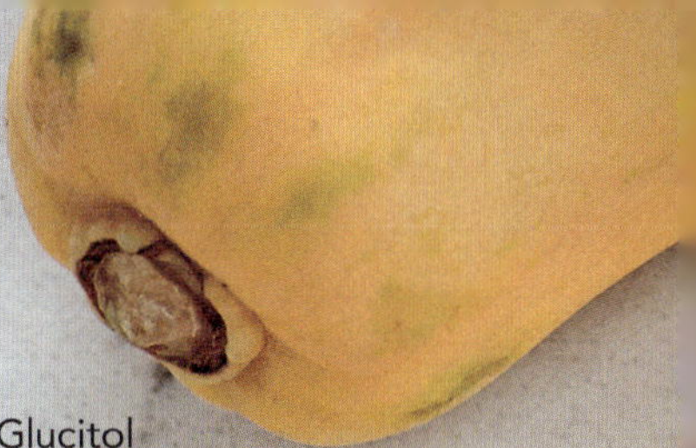

### Superfood-Tipps

**Leinsamen** und **Flohsamenschalen** sind reich an löslichen Ballaststoffen und fördern einen regelmäßigen Stuhlgang. Flohsamenpulver, in einem Saft verrührt, reinigt den Darm und wirkt Verstopfungen entgegen.

**Pflaumen** sorgen für weicheren, leichter auszuscheidenden Kot. Getrocknete Pflaumen über Nacht in kaltem Wasser einweichen, abtropfen lassen und das süße Einweichwasser trinken.

# Übergewicht

Beim Saftkuren geht es nicht ums Abnehmen, aber viele Kunden nutzen unsere Säfte, um einige Pfunde zu verlieren oder als Starthilfe für ein Abnehmprogramm. Eine richtig angewendete Saftkur hilft zwar, Gewicht zu verlieren, um aber langfristig und sicher abzunehmen, sind nachhaltige Veränderungen wichtig (Seite 120). Abnehmen erfordert Disziplin. Eine Saftkur ist ein großartiger Ansatz, um schlechte Gewohnheiten abzulegen und Vertrauen in die eigene Selbstkontrolle zu gewinnen. Die meisten fühlen sich nach einer Kur so gut, dass sie die gesunden Essgewohnheiten beibehalten möchten. Gabriela Peacock (Seite 12), Ernährungsberaterin und Ex-Model (die sich bei diesem Thema gut auskennt), informiert uns in Sachen Abnehmen und wie man Heißhunger zügelt.

## Was ist die Ursache?

Fast immer entsteht Übergewicht durch übermäßiges Essen und Bewegungsmangel. Wer mehr Kalorien aufnimmt, als er verbrennt, lagert diese schließlich als Fett ab. Darüber hinaus führt eine zuckerreiche und auf industriell verarbeiteten Nahrungsmitteln basierende Ernährung eher zur Gewichtszunahme als eine ausgewogene Ernährung mit Obst und Gemüse, gesunden Eiweißen, ungesättigten Fetten und komplexen Kohlenhydraten.

Zum besseren Verständnis folgt hier eine Zusammenfassung, wie diese Makronährstoffe verwertet werden, sodass Sie sich einen Speiseplan ganz nach Ihren Bedürfnissen zusammenstellen können.

**Kohlenhydrate** sorgen für Energie. Isst man zu viel davon, wird ein Teil als Glykogen, der Speicherform von Glucose, in Muskeln und Leber eingelagert.

**Eiweiß** wird in seine Bausteine Peptide und Aminosäuren zerlegt und kommt dann bei der Zellerneuerung sowie zur Herstellung von Enzymen und anderen wichtigen Substanzen zum Einsatz, die für den Stoffwechsel notwendig sind.

**Fette** liefern in erster Linie Energie. Nur ein kleiner Teil davon ersetzt das in Zellmembranen und Nervensystem verbrauchte Fett. Die Fettverbrennung zur Energieerzeugung variiert wenig. Wird mehr Fett aufgenommen als verwertet, lagert der Körper den Rest in Fettzellen ein.

## Das hilft!

### Ein ausgewogener Zuckerspiegel

Häufig besteht ein Zusammenhang zwischen anhaltendem Blutzucker-Ungleichgewicht und Gewichtsproblemen. Nicht in Energie umgesetzte Einfachzucker werden als Fett gespeichert. Zu viel Zucker kann das Nervensystem beeinträchtigen und zu Nährstoffmangel sowie Hormonschwankungen führen.

Nach dem Essen wird Zucker in den Blutkreislauf freigesetzt. Daraufhin schüttet die Bauchspeicheldrüse Insulin aus, ein Hormon, das den Blutzuckerspiegel reguliert. Nach dem Verzehr raffinierter Einfachzucker (wie in Weißbrot und Süßigkeiten) steigt der Insulinspiegel stark an, fällt dann aber auch rasch wieder ab, sodass man sich danach kraftloser fühlt als vor der Mahlzeit. Voraussetzung für eine gute Gesundheit ist, dass Blutzuckerspiegel und Insulinausschüttung in einem ausgewogenen Verhältnis stehen. Am besten erreicht man das mit vollwertigen und naturbelassenen Nahrungsmitteln, viel Obst, Gemüse, Eiweiß und guten Fetten. Lassen Sie sich von der Checkliste auf Seite 114 inspirieren.

### Den Heißhunger besiegen

Ein unausgewogener Blutzuckerspiegel ist maßgeblich an Heißhungerattacken beteiligt. Schwankungen, mal zu hoch, mal zu niedrig, können zu Heißhungerattacken, Reizbarkeit und Stimmungstiefs führen. Emotionale Faktoren können wiederum Frustessen auslösen. Sich bewusst zu machen, was, wann und warum man isst, lässt uns die Auslöser erkennen und auf gesündere Ernährung achten. Isst man lange nichts und der Blutzuckerspiegel sinkt stark ab, kommt es ebenfalls zu Heißhunger- und Fressattacken. Ein frischer Saft als Zwischenmahlzeit schafft da Abhilfe und sorgt gleichzeitig für einen effizienteren Stoffwechsel (Saftempfehlungen, Seite 89).

### Viel trinken

Trinken Sie ausreichend! Wer dehydriert ist, verspürt Hunger, der in Wirklichkeit Durst ist. Es sollten mindestens sechs bis acht Gläser Wasser pro Tag sein.

### Viel bewegen

Bewegung baut Stresshormone wie Cortisol ab und erhöht die Ausschüttung von Stimmungsaufhellern wie Endorphinen. Diese körpereigenen Botenstoffe werden bei Bewegung zusammen mit den anderen Glückshormonen Serotonin, Dopamin und Adrenalin in den Blutkreislauf freigesetzt. Schon 30 Minuten Bewegung täglich bewirken einiges.

### Satt mit weniger Kalorien

Geben Sie grünen Tee zum Saft, er enthält Catechine, sekundäre Pflanzenstoffe, die die Ausschüttung des für das Sättigungsgefühl verantwortlichen Hormons anregen. Die ballaststoffreichen und kalorienarmen Flohsamenschalen tragen nicht nur zur Verdauung, sondern außerdem zu einem Sättigungsgefühl bei, was dabei hilft, später weniger zu essen. Am besten lässt man die Samen über Nacht in Saft oder Wasser aufquellen.

## Die Naturapotheke

Gegen Heißhungerattacken empfiehlt Gabriela die folgenden Obst- und Gemüsesorten:

**Brokkoli** enthält Chrom, das appetitzügelnd wirkt und ein Schlüsselbaustein des Glucosetoleranzfaktors ist (einer Verbindung, die zusammen mit Insulin die Glucoseaufnahme der Zellen fördert). Der Glucosetoleranzfaktor sorgt dafür, dass die Zellen nach dem Essen schneller den Zucker aus dem Blut aufnehmen. Brokkoli eignet sich außerdem gut als Gemüsezutat in Säften, da er kalorien- und zuckerarm ist.

**Grapefruits** regen den Stoffwechsel an, sind kalorienarm, reich an Vitamin C (was die Aufnahme von Chrom fördert), enthalten sekundäre Pflanzenstoffe wie Flavonoide und Monoterpene und wirken durch letztere auch noch appetitzügelnd. Grapefruits verbessern außerdem die Verdauung und regen die Leber- und Gallentätigkeit an, was wiederum den Fettabbau unterstützt.

**Avocados** kann man nicht entsaften, aber als Zutat für cremige Smoothies oder Shakes verwenden. Zwei Drittel ihres relativ hohen Kaloriengehalts sind der einfach ungesättigten Ölsäure zuzuschreiben, die Studien zufolge vom Körper gut als langsame Energiequelle verwertet werden kann, was dabei hilft, den Blutzuckerspiegel konstant zu halten.

### Der passende Saft

Seite 89: Heißhungerbremse

### Superfood-Tipps

**Cayennepfeffer** ist reich an Capsaicin, einem sekundären Pflanzenstoff, der die Thermogenese, also die Wärmebildung im Körper fördert. Dadurch wird die Energieproduktion sowie der Grundumsatz angeregt, was sich positiv auf die Gewichtskontrolle auswirkt.

**Zimt** senkt den Blutzucker und fördert die Insulinausschüttung – ein großartiges Gewürz für Diabetiker und alle, die immer wieder eine Gier auf Süßes verspüren. Gemahlener Zimt (nach Belieben über Speisen gestreut oder in Smoothies gerührt) trägt dazu bei, den Blutzuckerspiegel zu regulieren.

**Spirulina-Algen** liefern eine Fülle gesundheitsfördernder sekundärer Pflanzenstoffe, sind eine hervorragende Eiweißquelle, fördern das Wachstum und die Gewebeerneuerung und wirken sich enorm positiv auf den Blutzuckerspiegel aus. Ein gehäufter Esslöffel davon im Saft gibt Schwung für den ganzen Tag.

# Leberschwäche

Besonders häufig äußern unsere Kunden die Sorge, ihrer Leber in letzter Zeit ernstlichen Schaden zugefügt zu haben. Ob infolge von Alkohol oder ungesunden Nahrungsmitteln, Ihr innerer Hausarzt hat oft ein gutes Gespür dafür, wann Ihre Leber etwas liebevolle Zuwendung braucht. Gabriela Peacock (Seite 12) erläutert uns die Aufgaben der Leber und was eigentlich passiert, wenn man diesem wichtigen Organ kontinuierlich mehr als 100 Prozent Leistung abverlangt.

## Was ist Leberschwäche?

Als größtes Drüsenorgan des Körpers spielt die Leber eine Schlüsselrolle beim Stoffwechsel. Ihre vorrangige Rolle liegt in der Entgiftung: Wie ein Sieb filtert sie Giftstoffe aus dem Blut und leitet sie aus. Ohne eine leistungsfähige Leber und gesunde Nieren würden Toxine und Abfallprodukte den Organismus vergiften.

## Sind Sie betroffen?

Leberschwäche kann zu Kreislaufstörungen, Verdauungsproblemen, Kopfschmerzen, Hautallergien, Hormonstörungen und, bei lang anhaltender Überlastung, sogar zum Tod führen (keine Panik, das sind Extremfälle).

## Was ist die Ursache?

Tagtäglich produziert und sekretiert die Leber etwa einen Liter Gallenflüssigkeit. Galle ist zum einen wichtig für die Resorption fettlöslicher Stoffe aus dem Darm, darunter viele Vitamine, zum anderen fördert ihre Sekretion die Ausleitung toxischer Substanzen. Ob die Leber ihren wichtigen Aufgaben gut nachkommen kann, wird durch unterschiedliche Faktoren bestimmt.

Ständig sind wir Tausenden von Giftstoffen ausgesetzt (aus der Luft, durch Rauchen, Alkohol, Medikamente, Stress, Reinigungsmittel, Kosmetik) und auch Chemikalien (aus Pestiziden, Hormonen in Lebensmitteln, Zusatzstoffen wie Farb-, Aroma- und Konservierungsstoffen, genetisch veränderten Nahrungsmitteln und unsauberem Trinkwasser). Die Leber macht diese Substanzen unschädlich und leitet sie zur Ausscheidung über Darm, Lunge, Nieren oder Haut weiter.

Wird die Leber durch zu viel, zu gehaltvolles, aber auch zu einseitiges Essen, Umweltbelastungen, Überarbeitung oder emotionalen Stress beansprucht, ist sie so überlastet, dass sie es nicht mehr schafft, Giftstoffe und Hormone zu verarbeiten und Galle zu produzieren. Bei einer überlasteten Leber können toxische Abfallprodukte in das Blut und wieder in den Körper gelangen.

# Das hilft!

## Zauberwort Detox

Eine Leberentgiftung erfolgt in zwei Phasen; der Vorgang zieht eine Reihe von Reaktionen nach sich. Beide Phasen erfordern spezielle Nährstoffe wie B-Vitamine, Folsäure und Schwefel sowie Antioxidantien wie Betacarotin, die Vitamine E, C und Selen. Beim Entgiftungsprozess werden die Giftstoffe in wasserlösliche Moleküle umgewandelt, die über den Darm, die Nieren oder die Haut ausgeschieden werden können. Angesichts dieser Anforderungen an die Leber muss man sie hinreichend mit Nährstoffen unterstützen. Auch die Darmfunktion ist wichtig für die Ausleitung der Giftstoffe (Seiten 28–29).

## Grünes Licht für grünes Gemüse

Bei der Entgiftung helfen Kreuzblütengewächse wie Grünkohl, Kohl, Brokkoli und Rosenkohl. Diese dunkelgrünen Gemüsesorten strotzen nur so vor Chlorophyll (Seiten 20–21), das schädliche Substanzen neutralisieren kann. Grünes Blattgemüse mit reinigenden Eigenschaften wie Brennnessel, Brunnenkresse, Rucola, Löwenzahn und Senf entgiften außerdem das Gewebe.

## Süße Helferlein

An Antioxidantien reiche Früchte wie Beeren, Zitrusfrüchte und Äpfel schützen die Leber vor den hohen Mengen freier Radikale, die bei einer Entgiftung natürlicherweise gebildet werden.

# Die Naturapotheke

Gabriela empfiehlt zur Unterstützung der Leberfunktion die folgenden Früchte und Gemüsesorten:

**Leuchtend buntes Obst und Gemüse** steckt voller Antioxidantien, die bei der Leberentgiftung und zum Schutz der Leberzellen benötigt werden.

**Rote Bete** ist ein altbekanntes Heilmittel, insbesondere bei Leberstörungen, da sie den Entgiftungsprozess der Leber anregt. Das in Roter Bete enthaltene Betacyan, das Pigment, dem sie ihre tiefrote Farbe verdankt, fördert Phase zwei der Entgiftung, Gallengang und Gallenblase sowie die Regeneration der Leberzellen. Rote Bete unterstützt zudem die Blutreinigung. Sie ist in der Lage, Schwermetalle aufzunehmen und kann auf diese Weise die toxische Belastung der Leber senken.

**Zitronensaft** enthält Zitrussäure, die das Verdauungssystem anregt und als Reinigungsmittel im Darmbereich wirkt (Zitrone ist ein natürliches Antiseptikum). Zitronensaft ist außerdem ein großartiges Entgiftungsmittel, das den Körper entsäuert, die Leberenzyme stärkt und dadurch auch die Leberfunktion verbessert.

**Grünkohl**, ein Kreuzblütengewächs, enthält Sulforaphan und Indol-3-Carbinol (I3C), Schwefelverbindungen, die die Leberentgiftung fördern. Außerdem beinhaltet das gesunde Superfood große Mengen an Chlorophyll und Carotinen, die ebenfalls die Entgiftung unterstützen. Die in Grünkohl enthaltenen Senfölglycoside fördern die Produktion natürlicher Enzyme in der Leber, die zur Ausleitung von Karzinogenen benötigt werden und somit krebshemmend wirken.

## Der passende Saft

Seite 97: Leberhelfer

### Superfood-Tipp

**Kurkuma** unterstützt den Kampf gegen Infektionen, wirkt entzündungshemmend und verdauungsfördernd. Die Wurzel weist eine hohe Konzentration des pflanzlichen Farbstoffs Kurkumin auf, ein wirksames, die Leber schützendes Antioxidans. Kurkumin regt die Gallenbildung und den Gallenausstoß über die Gallenblase an, was insgesamt die Fettverdauung ankurbelt. Am besten rühren Sie gemahlene Kurkumawurzel in Saft oder streuen sie über Speisen.

# Stress/Nebennierenschwäche

Stress ist kein Geisteszustand! Die körperlichen Auswirkungen von Stress sind ebenso berechenbar wie Steuern. »Nebennierenschwäche« ist ein relativ neuer Begriff für eine ganze Reihe von Symptomen (darunter Müdigkeit, Augenringe, Schlafprobleme), die anzeigen, dass man von seinen anstehenden Aufgaben einfach überlastet ist. Viele meiner früheren Symptome (aus der Vor-Saftperiode, Seite 6–9) waren größtenteils auf eine Nebennierenschwäche zurückzuführen, was ich natürlich damals nicht wusste. Achten Sie auf sich, sodass Sie schon gegen die ersten Anzeichen vorgehen können. Gabriela Peacock (Seite 12) beschreibt hier die körperlichen Auswirkungen einer zu engen Körper-Geist-Verbindung und erklärt, was man dagegen tun und wie man sie verhindern kann.

## Was ist Nebennierenschwäche?

Stress löst biologische Reaktionen aus: Die Ausschüttung der Stresshormone Adrenalin und Cortisol aus der Nebenniere (kleine, auf den Nieren sitzende Drüsen), Anstieg des Blutzuckerspiegels, erhöhte Muskelspannung, flache Atmung, Anstieg des Blutdrucks und erhöhte Herzfrequenz. Diese Reaktionen bereiten in lebensbedrohlichen Situationen den Körper darauf vor, schnell fliehen oder agieren zu können (Seite 17). Allerdings folgt auf die meisten der heutigen Stress-Situationen keine körperliche Aktion, die den Stress auflöst. Stattdessen sitzen wir, aufs Äußerste angespannt, nur herum und brodeln, und das bis zur Erschöpfung. Irgendwann sind die Nebennieren überlastet und als Reaktion auf das hohe Stressniveau gerät die Hormonausschüttung völlig aus dem Ruder.

## Langfristige Folgen

Dauernde Anspannung lässt sich mit einer ganzen Reihe anderer Krankheitsbilder in Zusammenhang bringen. Ein erhöhter Adrenalin- und Cortisolspiegel führt zur Ausschüttung von überschüssigem Testosteron. Das kann eine Insulinresistenz (ein Vorläufer von Diabetes) sowie Gewichtszunahme nach sich ziehen und sich unmittelbar hemmend auf das Fortpflanzungssystem auswirken. Langfristiger Stress beeinflusst auch den Verdauungsprozess negativ und kann die Nährstoffresorption bremsen. Zudem wird das Immunsystem geschwächt, der Körper wird anfälliger für Krankheiten. Anhaltender Stress trägt dazu bei, die Serotoninausschüttung zu unterdrücken, mit Folgen wie Angstzuständen, gesteigertem Appetit und Depressionen. Verschiedene Studien sehen in chronischem Stress einen der größten Risikofaktoren bei der Entstehung von Herzerkrankungen und Diabetes. Ein erhöhter Wert der Aminosäure Homocystein, der häufig mit einem hohen Cortisolspiegel im Körper einhergeht, gilt inzwischen als Risikofaktor für Herz-Kreislauf-Erkrankungen (Seiten 40–41).

## Das hilft!

Veränderungen in Ernährung und Lebensweise können maßgeblich zur Besserung beitragen.

### Ab ins Bett!

Der erste Schritt gegen eine Nebennierenschwäche besteht darin, für guten Schlaf zu sorgen. Dabei kann der Körper sich erholen und regenerieren, außerdem sinken die Stresshormone auf natürliche Weise ab. Ideal wäre es, acht Stunden am Stück zu schlafen. Der Schlaf vor Mitternacht gilt zudem in der Regel als wertvoller.

### Regelmäßiges Essen

Lassen Sie keine Mahlzeiten aus, denn der Cortisolspiegel im Blut hängt eng mit dem Blutzuckerspiegel zusammen. Zwischenmahlzeiten mit raffinierten Kohlenhydraten und Zucker lösen nur Blutzuckerspitzen aus. Besser sind komplexe Kohlenhydrate, wie sie in glutenfreien Körnern wie Buchweizen oder Quinoa und auch in Gemüse zu finden sind. Kombinieren Sie zu jeder Mahlzeit Eiweiß mit Kohlenhydraten für eine gleichmäßigere Abgabe von Glucose ins Blut. Stimulanzien wie Koffein und Alkohol sollten gestrichen oder deutlich reduziert und durch zahlreiche nährstoffreiche Speisen oder grüne Säfte (Seiten 62–77) ersetzt werden.

### Das Übel an der Wurzel packen

Am wichtigsten ist es sicherlich, die eigentliche Ursache von Stress und Nebennierenschwäche anzugehen. Falls sich beides auf Probleme im Beruf zurückführen lässt, überlegen Sie doch einmal in Ruhe, wie Sie Ihre Arbeitssituation verbessern können.

### Die Kunst der Entspannung

Erprobte Entspannungstechniken wie Yoga, Meditation und Tai-Chi können enorm zum Stressabbau beitragen.

## Die Naturapotheke

Gabriela empfiehlt bei Nebennierenschwäche die folgenden Obst- und Gemüsesorten:

### Superfood-Tipp

Die Knolle der **Maca**-Pflanze ist reich an Kalzium, Phosphor, Magnesium, Kalium, einigen B-Vitaminen und Eisen. Maca, ein Adaptogen, also ein Mittel, das dem Körper bei der Stressbewältigung hilft, unterstützt das Gleichgewicht im Körper und steigert Kraft und Ausdauer, um besser mit Stress umzugehen.

### Der passende Saft

Seite 85: Stressfighter

**Rote-Bete-Blätter** sind vitalstoffreich, fettarm und dank ihrer antioxidativen Eigenschaft eine gesunde Zutat im Saft. Wie die Wurzelknollen sind auch die grünen Blattspitzen eine gute Quelle von Betain, einem Pflanzenstoff, der den Homocysteinspiegel im Blut senkt (Seiten 40–41). Jegliche Art von grünem Blattgemüse eignet sich dank des hohen Magnesiumgehalts gut für Anti-Stress-Säfte. Chronischer Stress entzieht dem Körper das für die Entspannung und das Absenken des Homocysteinspiegels so wichtige Magnesium.

**Kiwis** sind reich an Vitamin C und E, Flavonoiden, Anthocyanen und Carotinoiden. Sie weisen auch einen hohen Gehalt an Serotonin auf – einen Neurotransmitter (Botenstoff), der für eine Reihe physiologischer Funktionen wichtig ist, darunter Stimmungsausgleich und Schlafmuster. Serotonin wirkt auf die meisten Menschen beruhigend.

**Orangen** enthalten viel Vitamin C, Magnesium und Kalium. Vitamin C trägt nachgewiesenermaßen zur Senkung des Cortisolspiegels bei.

**Sellerie** enthält den Pflanzenwirkstoff Phthalid, der dank seiner beruhigenden Wirkung bei Stress und Schlafstörungen hilft. Phthalide bewirken ein Absinken der Stresshormone und tragen zur Entspannung der Muskulatur der Blutgefäße bei, sodass das Blut besser fließt. Aus diesem Grund gilt Sellerie in der Traditionellen Chinesischen Medizin schon lange als Bluthochdruck senkendes Heilmittel. Darüber hinaus ist Sellerie ein guter Lieferant von Vitamin K und C, Kalium, Folsäure, Ballaststoffen, Molybdän, Mangan und Vitamin B6.

# Gicht

Oft berichten unsere Kunden (junge Menschen, meist Männer), an Gicht zu leiden. Ihre Geschichten ähneln sich sehr – sie arbeiten schwer, geben sich cool und ernähren sich von degenerierten, säurebildenden Nahrungs- und Genussmitteln wie Fleisch und Alkohol. Bei Betroffenen, die eine Saftkur durchgeführt haben und anschließend mithilfe unserer Ernährungsberaterin Eve Kalinik (Seite 12) auf eine basischere Ernährung umgestiegen sind, gibt es großartige Erfolge zu verzeichnen. Aufgrund der Ergebnisse habe ich Eve gebeten, hier zu erläutern, was sie unseren Kunden rät, um sich für ein gichtfreies Leben von überschüssiger Harnsäure zu befreien.

## Was ist Gicht?

Gicht ist eine verbreitete Erkrankung, verursacht durch die Ansammlung von Harnsäure im Blut. Dabei handelt es sich um ein Abfallprodukt, das der Körper täglich produziert und das über die Nieren ausgeschieden werden sollte. Produziert der Organismus zu viel oder scheidet er zu wenig aus, können sich Harnsäurekristalle in Gelenken, Sehnen, Nieren und anderen Körpergeweben ablagern, was rasch Schmerzen, Entzündungen und Schädigungen nach sich ziehen kann.

## Sind Sie betroffen?

Zu den typischen Symptomen gehören entzündete, schmerzende Hand- und Fußgelenke. Der betroffene Bereich ist meist gerötet, stark angeschwollen und glänzt. Ein Bluttest bestimmt den Harnsäurewert, die Ergebnisse sind aber für eine vollständige Diagnose nicht immer ausreichend. Bleibt Gicht unbehandelt, kann es zu Gelenkschäden kommen und, wenn sich Kristalle in den Nieren ablagern, auch zu Nierenschäden.

## Was ist die Ursache?

Zu den Auslösern für Gicht gehören übermäßiger Alkoholkonsum, hoher oxidativer Stress, Veranlagung und Stoffwechselstörungen (eine medizinische Bezeichnung für die dreifache Bedrohung durch Diabetes, Bluthochdruck und Fettleibigkeit). Ebenso kommt eine Überproduktion von Harnsäure aufgrund übermäßigen Verzehrs purinreicher Lebensmittel infrage, denn Harnsäure ist das Endprodukt des Purinstoffwechsels. Zu den purinreichen Lebensmitteln zählen unter anderem Rindfleisch, verschiedene Fischarten, Muscheln, Sardellen und Innereien.

## Das hilft!

### Neutralisieren

Zur Linderung ist es wichtig, die Löslichkeit der Harnsäure durch einen höheren pH-Wert zu verbessern (Seite 17), sodass die Säure neutralisiert wird. Dazu eignen sich basische Nahrungsmittel und natürliche Diuretika auf dem Speiseplan: Blattsalate, Kirschen und Rote Bete (gegenüberliegende Seite).

### Schonend angehen

Darüber hinaus sollten bestimmte entzündungsfördernde Nahrungsmittel gestrichen oder minimiert werden, wie etwa raffinierte Kohlenhydrate, gesättigte Fette und Alkohol. Eine Entgiftung und der Genuss roher Gemüsesäfte können sich sehr positiv auswirken.

## Die Naturapotheke

Die folgenden Obst- und Gemüsesorten empfiehlt Eve zur Vorbeugung gegen Gicht:

**Kirschen** sind geniale Anti-Gicht-Mittel, denn sie tragen dazu bei, die Rückresorption der Harnsäure zu blockieren und ihre Ausscheidung zu erhöhen. Kirschen sollen sich zudem hemmend auf das Enzym Xanthinoxidase auswirken, wodurch die Bildung von Harnsäure reduziert wird. Und darüber hinaus enthalten sie das Antioxidans Anthocyan, dem eine entzündungshemmende Wirkung zugeschrieben wird.

**Rote Bete, Sellerie und Blattsalate** wie Romana sind natürliche harntreibende Mittel. Rote Bete ist darüber hinaus eine großartige Quelle von Betacyan, einem Antioxidans, das entzündungshemmend wirkt und die Entgiftung fördert. Blattsalat und anderes Blattgemüse wie Grünkohl sind hervorragende Lieferanten von Folsäure, Sellerie ist eine gute Vitamin-C-Quelle, beides Substanzen, die die Einlagerung von Harnsäurekristallen mindern.

**Zitrone** wirkt basenbildend auf den Körper, denn sie regt die Bildung von Kalziumkarbonat an, das auf Säuren wie beispielsweise die Harnsäure neutralisierend wirkt.

## Der passende Saft

Seite 99: Anti-Gicht-Mix

### Superfood-Tipp

**Weizen- und Gerstengras** sind basenbildend und verbessern dadurch die Löslichkeit von Harnsäure.

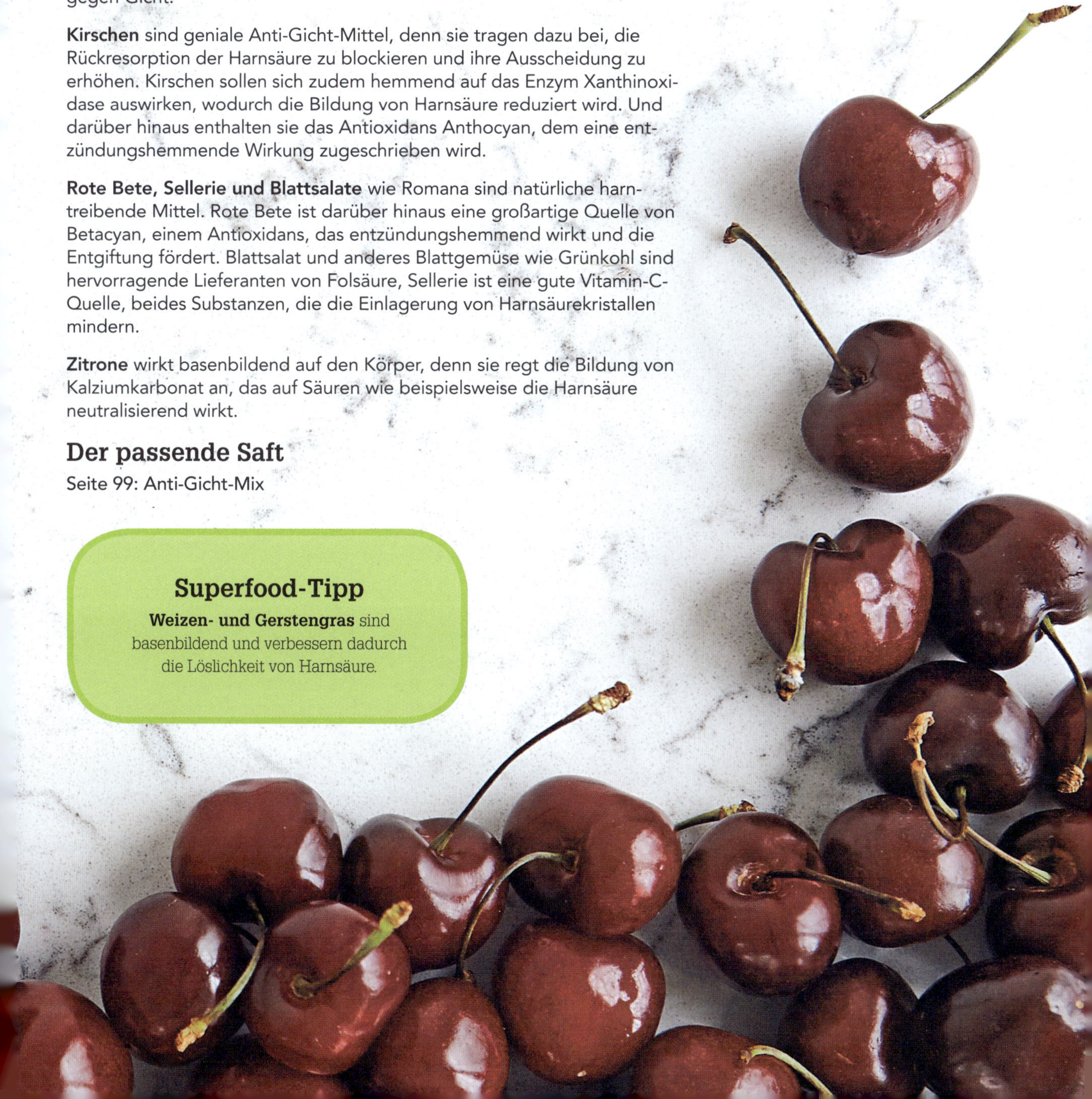

## Probleme mit
# Fruchtbarkeit und Empfängnis

Im Vorfeld der Schwangerschaft mit meiner Tochter Belle wollte ich alles daran setzen, in meinem Körper optimale und gesunde Voraussetzungen für das ungeborene Kind zu schaffen. Genau wie man, bevor ein Übernachtungsgast kommt, alles in Ordnung bringt, staubsaugt und frische Bettwäsche aufzieht, so bereitete ich mich auf die Schwangerschaft vor. Mein Mann Leon und ich waren vorher viel beruflich unterwegs und fühlten uns etwas ausgelaugt, also gönnten wir uns eine dreitägige Saftkur. Mit frischer Kraft machte ich mich kundig, was es im Hinblick auf Ernährung und Lebensweise zu beachten gibt, um Empfängnis und Schwangerschaft günstig zu beeinflussen. Schon bei der ersten Begegnung mit Henrietta Norton, Ernährungstherapeutin und Empfängnisberaterin (Seite 13), war ich begeistert von ihren Argumenten und Ratschlägen zur Ernährung, insbesondere in den drei Monaten vor der Empfängnis, und so überlasse ich ihr gern die weiteren Ausführungen.

## Welche Rolle spielt die Ernährung?

Ernährung ist für Sie und Ihr Baby das zentrale Thema. Studien zeigen, dass Paare, die ihre Ernährung und ihre Lebensweise verändert haben, die Aussicht auf eine gesunde Empfängnis um 80 Prozent erhöhen konnten. Sie belegen ferner, dass der Nutzen weit über Empfängnis und Schwangerschaft hinausgeht. Man weiß heute, dass gesunde Ernährung vor der Befruchtung den Grundstein für die Gesundheit des heranwachsenden Babys legt, denn durch sie wird das Risiko atopischer Störungen wie Asthma und Ekzeme sowie chronischer Krankheiten im Erwachsenenalter (wie Diabetes) gemindert.

*Bei unerfülltem Kinderwunsch lässt sich die Wahrscheinlichkeit, schwanger zu werden, durch angepasste Ernährung um 80 Prozent steigern.*

Entscheidend sind die drei Monate vor der Befruchtung. In dieser Zeit reifen Ei- und Spermazellen heran. Die Nährstoffaufnahme der werdenden Eltern nimmt einen direkten Einfluss auf diesen Vorgang und bietet die Möglichkeit, viel zu einer gesunden Schwangerschaft beizutragen. Abgesehen vom gesundheitlichen Fundament wirken sich eine Ernährungsumstellung und eine höhere Nährstoffzufuhr auch günstig auf Faktoren aus, die die Zeugungsfähigkeit ansonsten beeinträchtigen können (geringe Spermienzahl oder hormonell bedingte Zyklusschwankungen).

Wenn Sie darauf achten, was Sie essen und trinken, kann das auch die Milchproduktion beim Stillen fördern und die Gefahr einer postnatalen Depression verringern.

## Das hilft!

### Stärken Sie Ihre Leber

Das für die Fortpflanzung notwendige Hormongleichgewicht hängt von einer guten Leberfunktion ab. Abgesehen von ihren täglichen Aufgaben bei der Entgiftung des Körpers sorgt sie dafür, ein Übermaß verbrauchter Hormone chemisch abzubauen.

Gelingt dies nicht in ausreichendem Maß, können Hormonstörungen die Folge sein, die die Fruchtbarkeit beeinträchtigen und weitere gesundheitliche Probleme hervorrufen, darunter Endometriose (eine Gebärmuttererkrankung), Akne, prämenstruelles Syndrom (PMS) und polyzystisches Ovar-Syndrom (PCOS). Viele von Henriettas Kunden empfanden es daher als hilfreich, vor der Befruchtung eine Leberreinigung durchzuführen.

# Die Naturapotheke

Henrietta Norton empfiehlt zur Vorbereitung auf die Empfängnis die folgenden Lebensmittel:

**Avocados** liefern viel Vitamin E sowie Fettsäuren. Vitamin E ist ein Antioxidans, das sich sowohl bei Frauen als auch bei Männern positiv auf die Fruchtbarkeit auswirkt und die Befruchtungsrate bei der In-vitro-Fertilisation (IVF) erhöht.

**Kürbiskerne** sind reich an Zink, einem Mineralstoff, der die normale Fortpflanzung, die Zellteilung sowie die DNA-Synthese positiv beeinflusst und die Zellen vor oxidativem Stress schützt. Zinkmangel tritt häufig auf (insbesondere bei Frauen, die die Antibabypille genommen haben) und kann die Spermien- und Eireifung beeinträchtigen.

**Himbeeren** enthalten entzündungshemmende Pflanzenwirkstoffe wie Ellagsäure, die insbesondere in den weiblichen Fortpflanzungsorganen oxidativen Stress und Entzündungen mindern kann. Die in Himbeeren enthaltenen Anthocyanidine fördern die Durchblutung im Beckenbereich und liefern somit verstärkt Nährstoffe an die Fortpflanzungsorgane.

**Paranusskerne** beinhalten das Spurenelement Selen, das eine gesunde Spermienbildung fördert und die Spermienzahl verbessert. Als Antioxidans beugt es auch oxidativem Stress vor, der mit Chromosomenschäden und Fehlgeburten in Verbindung gebracht wird.

**Paprikaschoten** liefern viel Vitamin C, ein als Antihistamin wirkendes Antioxidans. Ein Histaminüberschuss beeinträchtigt die Produktion des Zervixschleims. Darüber hinaus beugt Vitamin C oxidativen Schädigungen der Spermien vor.

## Superfood-Tipp

**Maca** ist sowohl bei Männern als bei Frauen ein traditionelles Mittel zur Förderung von Libido und Kraft sowie des hormonellen Gleichgewichts. Die Maca-Pflanze enthält die Vitamine C und E sowie die der B-Gruppe, außerdem die Mineralstoffe Kalzium, Zink, Eisen, Magnesium und Phosphor und eine Reihe von Aminosäuren.

## Der passende Saft

Seite 81: Frucht mit Pep

# Erhöhte Cholesterinwerte

Ein hoher Cholesterinspiegel ist einer der vielen Risikofaktoren für eine Verhärtung der Blutgefäße und die Entstehung von Herz-Kreislauf-Erkrankungen. Dabei handelt es sich jedoch um ein gesundheitliches Problem, gegen das (meistens) eine simple Ernährungsumstellung (auf mehr Obst und Gemüse sowie weniger Fertigkost) hilft. Da es aber so viele wirksame medikamentöse Behandlungen gibt (Stichwort Statin), greifen viele lieber zu einer Pille, als ihre Gewohnheiten zu verändern. Für eine Erläuterung des Cholesterinspiegels aus ganzheitlicher Sicht habe ich mich an Dr. Nigma Talib (Seite 13) gewandt.

## Was bedeuten hohe Cholesterinwerte?

Cholesterin ist eine fettartige Körpersubstanz mit einer Fülle wichtiger Aufgaben. Der Cholesterinspiegel steigt, wenn sich im Blut »schlechtes« Cholesterin ablagert. Das »gute« Cholesterin dagegen ist ein wahrer Tausendsassa:

- Es ist Baustein verschiedener Hormone, beispielsweise Östrogen bei Frauen und Testosteron bei Männern.
- Es ist wichtig für die Stabilisierung der Zellmembranen.
- Es ist einer der Hauptbestandteile von Gallensäure, die bei der Verdauung hilft.

### Zwei Gesichter

Cholesterin wird im Blut mithilfe von Lipoproteinen transportiert: HDL (High Density Lipoprotein), LDL und VLDL (Low und Very Low Density Lipoprotein). LDL und VLDL transportieren Fette (vor allem Triglyceride und Cholesterin) aus der Leber in die Körperzellen (»schlechtes Cholesterin«). Erhöhte LDL- und VLDL-Werte steigern das Risiko von Arteriosklerose, der häufigsten Ursache von Herzinfarkt und Schlaganfall. HDL aber transportiert Fette zwecks Entsorgung zur Leber (»gutes Cholesterin«) und mindert das Herzinfarktrisiko.

## Sind Sie betroffen?

Cholesterin ist wichtig für die Gesundheit, bei zu hohen Blutfettwerten jedoch wächst das Risiko einer Herz-Kreislauf-Erkrankung. Es stimmt zwar, dass die Neigung zu erhöhten Cholesterinwerten teilweise genetisch bedingt ist, andererseits teilen Familien meist auch ihre Gewohnheiten. Sie haben Ihr Schicksal hier selbst in der Hand – bewusste Ernährung und viel Bewegung tragen dazu bei, den Cholesterinwert im grünen Bereich zu halten.

## Was ist die Ursache?

Die Cholesterinwerte sind meist ein Spiegel von Ernährung und Lebensweise, werden allerdings auch durch genetische Faktoren bestimmt.

## Das hilft!

Jedes Prozent weniger beim LDL-Wert vermindert das Herzinfarktrisiko um zwei Prozent. Jedes HDL-Prozent mehr vermindert das Herzinfarktrisiko um drei bis vier Prozent. Nehmen Sie sich einfach die Gleichung unten zu Herzen.

Der Cholesterinspiegel wird durch diese Faktoren bestimmt:

Wie viel Cholesterin der Körper produziert (dies unterscheidet sich je nach Veranlagung) + Wie viel Cholesterin über die Nahrung aufgenommen wird − Wie viel Cholesterin abgebaut wird = Ihr Gesamtcholesterinspiegel

### Vermeidung gesättigter Fettsäuren

Vermeiden Sie tierische Nahrungsmittel, Fertigprodukte und Frittiertes.

### Mehr ballaststoffreiche Pflanzenkost

Günstig sind Cholesterin senkende Gemüsesorten wie Sellerie, Rote Bete, Auberginen, Knoblauch, Zwiebeln, Paprikaschoten und Wurzelgemüse. Löwenzahnwurzel und Topinambur enthalten beispielsweise den Ballaststoff Inulin, der die Produktion von antioxidativen Enzymen fördert und gleichzeitig die Werte von Gesamt-Cholesterin und Triglyceriden mindert und den HDL-Wert anhebt.

### Hülsenfrüchte in Hülle und Fülle

Günstig auf den Cholesterinspiegel wirkt sich auch der Verzehr von Hülsenfrüchten aus. So können Sojabohnen das Gesamtcholesterin um bis zu 30 Prozent senken, den LDL-Wert sogar um 35–40 Prozent.

### Knabbern ist cool

Kerne (insbesondere Mandeln, Walnusskerne und Samen) wirken Cholesterin senkend und schützen dank der enthaltenen Ballaststoffe und ungesättigten sowie essenziellen Fettsäuren vor Herzerkrankungen. Haselnusskerne sind reich an Kupfer, wichtig für die Bildung des Enzyms Superoxiddismutase, das freie Radikale unschädlich macht, die gutes Cholesterin und Fette schädigen könnten. Leinsamenschrot trägt zur Senkung von Apolipoprotein bei, einem Proteinbestandteil, der mit Cholesterin in Verbindung steht.

## Die Naturapotheke

Diese Obst- und Gemüsesorten empfiehlt Dr. Nigma Talib im Kampf gegen das »schlechte Cholesterin« LDL:

**Äpfel** enthalten viel Pektin, welches das LDL senkt. Wer zwei Äpfel pro Tag isst, kann seine Gesamtcholesterinwerte um bis zu 16 Prozent verringern. Die in Äpfeln enthaltenen Polyphenole tragen dank ihrer antioxidativen Wirkung ebenso zur Senkung des Cholesterins bei.

**Basilikum** ist eine sehr gute Vitamin-A-Quelle, da es Carotinoide wie Betacarotin enthält (die Vorstufe von Vitamin A). Seine hohe antioxidative Eigenschaft schützt zudem die Blutgefäßwände: Die Epithelzellen (die unter anderem die Auskleidung der Blutgefäße bilden) werden vor Schäden durch freie Radikale bewahrt und gleichzeitig wird die Oxidation des Cholesterins im Blut durch freie Radikale gehemmt. Erst durch Oxidation lagert sich Cholesterin an den Blutgefäßwänden ab, was zur Entwicklung einer Arteriosklerose führen kann. Basilikum beinhaltet außerdem Magnesium, das die Muskelfunktion und die Entspannung der Blutgefäße fördert, den Blutfluss verbessert und so Herzrhythmusstörungen vorbeugt.

**Kokosöl** weist zwar einen hohen Anteil an gesättigten Fettsäuren auf, enthält aber außerdem wertvolle mittelkettige Fettsäuren, die hervorragend gegen oxidativen Stress und die Bildung freier Radikale helfen. Dank der enthaltenen mittelkettigen Fettsäuren hebt Kokosöl (im Gegensatz zu den meisten anderen Fetten und Ölen) den Cholesterinspiegel nicht an und senkt die LDL-Werte. Naturbelassenes Kokosöl enthält Laurinsäure, eine gesättigte Fettsäure, die den Aufbau von HDL (dem »guten Cholesterin«) fördert.

**Möhren:** 130 Gramm Möhren enthalten 3,6 Gramm Ballaststoffe und somit schon etwa ein Zehntel der empfohlenen Tagesmenge (25–35 Gramm). Ein Großteil davon sind lösliche Ballaststoffe, die zur Senkung des Blutfetts beitragen. Einer Studie der Universität von Arizona zufolge binden sich lösliche Ballaststoffe mit Cholesterin enthaltender Gallensäure und leiten diese durch den Magen-Darm-Trakt (Seiten 15–16) aus.

### Der passende Saft

Seite 91: Cholesterin-Wächter

### Superfood-Tipp

**Kurkuma** enthält Kurkumin, das der Oxidation von Cholesterin vorbeugt (wie auch **Basilikum**). Kurkuma enthält außerdem viel Vitamin B6, das dafür sorgt, dass der Homocysteinspiegel nicht zu stark ansteigt, was ein Risikofaktor für Schädigungen der Blutgefäße, die Bildung arteriosklerotischer Plaques und Herzerkrankungen darstellt.

# Bluthochdruck (Hypertonie)

Macht Ihnen die Vorstellung Angst, in eine enge Röhre gequetscht zu werden? Dann stellen Sie sich einmal vor, was es heißt, wenn unser Blut unter hohem Druck gegen die umgebenden Gefäßwände gepresst wird. Gängigen Klischees zufolge leiden vor allem übergewichtige Männer mittleren Alters unter Bluthochdruck. Das ist aber ganz und gar nicht der Fall! Zahlen der britischen Herzstiftung und der US-Gesundheitsbehörde belegen, dass ein Drittel aller Männer und Frauen wegen Bluthochdruck behandelt werden müssten. Dr. Nigma Talib (Seite 13) erläutert, was unter »Bluthochdruck« zu verstehen ist und wie man ihm über die Ernährung entgegenwirken kann.

## Was ist Bluthochdruck?

Das Herz pumpt Blut durch den Körper und versorgt ihn so mit Sauerstoff und der nötigen Energie. Während das Blut fließt, drückt es gegen die Wände der Blutgefäße, und das Maß, in dem es presst, wird als Blutdruck bezeichnet. Ist dieser zu hoch, übt er eine zusätzliche Belastung auf die Arterien und das Herz aus. Unbehandelter Bluthochdruck wird zum Risikofaktor und erhöht die Gefahr von Herzinfarkt und/oder Schlaganfall.

## Sind Sie betroffen?

Diese Werte der Deutschen Hochdruckliga zeigen Ihnen, ab wann Ihre Werte zu hoch sind:

| | systolisch (mmHg) | diastolisch (mmHg) |
|---|---|---|
| optimal | < 120 | < 80 |
| normal | 120–129 | 80–84 |
| hoch-normal | 130–139 | 85–89 |
| milde Hypertonie | 140–159 | 90–99 |
| mittlere Hypertonie | 160–179 | 100–109 |
| schwere Hypertonie | >= 180 | >= 110 |

Ein hoch-normaler bis mittlerer Bluthochdruck bleibt meistens symptomfrei. Bei einer schweren Hypertonie dagegen treten erhöhte Schläfrigkeit, Verwirrung, Kopfschmerzen, Übelkeit und Erbrechen auf.

## Was ist die Ursache?

Medizinischen Lehrbüchern zufolge ist die Ursache für Bluthochdruck bei 95 Prozent der Patienten unbekannt. Veranlagung spielt eine gewisse Rolle, als entscheidend aber haben sich Ernährung und Lebensweise herausgestellt. Das Risiko steigt eindeutig durch den Genuss von viel Kaffee, Alkohol, Salz, Zucker und gesättigten Fetten sowie durch die Aufnahme von zu wenig Kalium, Ballaststoffen, essenziellen Fettsäuren, Kalzium und Magnesium aus frischem Obst und Gemüse. Bewegt man sich zudem wenig, ist aber viel Stress ausgesetzt und raucht, dann steigt das Bluthochdruckrisiko.

## Das hilft!

Wohl jeder befragte Arzt wird zu den folgenden Maßnahmen raten:

### Mehr Bewegung

Sich täglich mindestens 20 Minuten zu bewegen, wirkt sich sehr positiv auf den Blutdruck aus.

### Ernährungsumstellung

Auf ein Zuviel an Salz und gesättigten Fetten (die Übeltäter Nummer eins) sollte man verzichten und stattdessen mehr der in diesem Buch vorgestellten gesunden Lebensmittel in die Ernährung einbauen.

# Die Naturapotheke

Diese Früchte und Gemüsesorten empfiehlt Dr. Nigma Talib zur Normalisierung des Blutdrucks:

**Sellerie** beruhigt die Nerven dank des hohen Kalziumgehalts und wirkt Bluthochdruck entgegen. Sellerie enthält Phthalid, einen sekundären Pflanzenstoff, der entspannend auf das Muskelgewebe der Gefäßwände wirkt. Dadurch fließt das Blut leichter, was wiederum den Gefäßdruck senkt.

**Petersilie** enthält Flavonoide, insbesondere Luteolin, die wie Antioxidantien wirken, indem sie sauerstoffbedingte Zellschädigungen verhindern, insbesondere in den Blutgefäßen. Darüber hinaus ist Petersilie reich an Kalzium sowie den Vitaminen A und C, die den Gefäßdruck senken.

**Rote-Bete-Saft** enthält etwa 0,2 Gramm Nitrat. Nitrat wird im Körper zu Nitrit umgewandelt und dann im Blut zu Stickstoffmonoxid, ein Gas, das die Blutgefäße erweitert und so den Blutfluss fördert.

**Brokkoli** enthält das Antioxidans Glucoraphanin, das nachgewiesenermaßen den Blutdruck senkt und das Risiko von Schlaganfall und Herzinfarkt mindert. In jüngeren wissenschaftlichen Experimenten (Quellenverzeichnis Seite 143) zeigten glucoraphaninreich ernährte Ratten eine geringere Entzündungsneigung und eine verbesserte Herz-Kreislauf-Gesundheit, die in einem niedrigeren Blutdruck sowie weniger Entzündungen in Herz, Blutgefäßen und Nieren zum Ausdruck kam.

**Tomatensaft** enthält verschiedene antioxidative Substanzen, darunter Lycopin, Betacarotin, Vitamin C und Selen. Tomaten haben außerdem harntreibende Eigenschaften, die sowohl zur Senkung des Blutdrucks als auch zur Entgiftung von Leber und Nieren beitragen.

## Der passende Saft

Seite 100: Blutdruck-Wächter

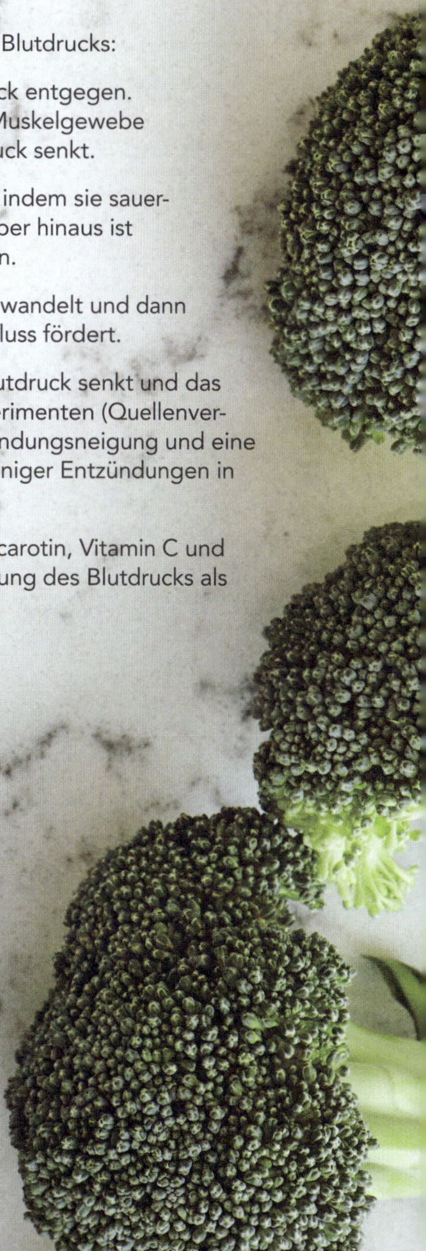

### Superfood-Tipp

**Spinat** ist wahrlich ein Superfood, Seemann Popeye hatte also die Nase vorn! Ich kann gar nicht oft genug die Bedeutung von Spinat betonen, denn unserer heutigen Ernährung mangelt es im Allgemeinen an Folsäure, Ballaststoffen und essenziellen Vitaminen und Mineralstoffen. Die Folge davon, dass so wenig dunkelgrünes Blattgemüse, insbesondere Spinat, verzehrt wird, ist eine erhöhte Anfälligkeit für Herz-Kreislauf-Erkrankungen aufgrund des Risikofaktors Homocystein (Seite 41), der sich erhöht, wenn diese Nährstoffe auf Dauer fehlen.

# Mangelnde Libido

Nur wenige Dinge sind bedrückender oder frustrierender als geringe Ausdauer im Bett und schwindende sexuelle Lust, vor allem, wenn man sich eigentlich für gesund hält. Eine schwache Libido, also mangelndes Interesse an Sex, wird gewöhnlich mit Selbstzweifeln, fehlender Anziehungskraft des Partners oder zu viel Stress begründet. Erstaunlicherweise haben Wissenschaftler festgestellt, dass 90 Prozent der sexuellen Funktionsstörungen nicht auf emotionalen Blockaden, sondern häufig auf ernährungsbedingten medizinischen Problemen beruhen!

## Was ist die Ursache?

Die Wahrheit ist, dass mangelnde Libido viele Ursachen haben kann. Zu den häufigsten gehören Herz-Kreislauf-Erkrankungen, hohe LDL-Cholesterinwerte (»schlechtes« Cholesterin), verstopfte Arterien, Bluthochdruck, Fettleibigkeit, Diabetes und vieles mehr.

Mangelnde sexuelle Lust oder Leistungsfähigkeit kann auch durch depressive Verstimmungen verursacht werden. Die Libido wird darüber hinaus durch Hormonstörungen oder die Einnahme von Medikamenten beeinträchtigt, was als Ursache weitverbreitet ist, aber oft ignoriert wird – die Beipackzettel sollten immer auf Nebenwirkungen geprüft werden.

## Das hilft!

### Bringen Sie Ihr Herz-Kreislauf-System auf Vordermann

Der Schlüssel zur Steigerung der Libido ist ein gesundes Herz-Kreislauf-System. Mediziner sind sich einig, dass bei Männern eine verminderte sexuelle Leistungsfähigkeit eines der ersten Anzeichen einer Herz-Kreislauf-Erkrankung ist. Das bedeutet, dass sexuelle Funktionsstörungen oft auf Vorgänge in den Blutgefäßen hinweisen (wie Verstopfungen, Entzündungen, Verhärtungen), noch bevor diese durch Labortests oder bildgebende Verfahren nachgewiesen werden können. Das Gewebe der Sexualorgane ist nämlich mit einer großen Menge kleinster Blutgefäße (Kapillaren) durchsetzt, durch die Blut und Nährstoffe transportiert werden, damit »da unten« alles gut funktioniert.

### Entgiften und stärken

Es ist bekannt, dass eine Ernährung mit vielen industriell verarbeiteten oder tierischen Produkten, gesättigten (und Trans-) Fettsäuren sowie denaturierten Kohlenhydraten die Arterien langsam zerstören und verstopfen kann. Die frühen Schäden entstehen in den kleinen Kapillaren des Gewebes der Sexualorgane. Will man also seine Libido und sexuelle Leistungsfähigkeit verbessern, sollte man auf Junkfood verzichten und seinen Darm entgiften, damit alle erforderlichen Nährstoffe resorbiert werden können und man in jeder Hinsicht fit wie ein Rockstar ist.

## Die Naturapotheke

Folgende Obst- und Gemüsesorten empfiehlt Enährungswissenschaftlerin Romina Pulichino (Seite 11) zur Stärkung der Libido:

**Spinat, Linsen, Wassermelonen** und **Granatäpfel** sind großartige Arginin-Quellen. Die Aminosäure Arginin ist erforderlich, um im Körper das Molekül Stickstoffmonoxid (NO) zu bilden, das für eine Entspannung der Blutgefäße und für eine bessere Durchblutung der Sexualorgane sorgt. NO ist von großer so Bedeutung, dass sogar der Wirkmechanismus von Viagra um diesen Botenstoff herum aufgebaut ist. Die hier aufgeführten Obst- und Gemüsesorten haben gegenüber tierischen oder künstlich hergestellten Quellen allerdings den Vorteil, dass sie außer natürlichem Arginin auch noch die Vitamine C und E sowie Zink und andere wertvolle Antioxidantien enthalten, die verhindern, dass Toxine das Stickstoffmonoxid zerstören. Außerdem festigen und schützen sie die Gefäßwände.

**Sellerie** ist ein weiteres leicht erhältliches Nahrungsmittel, das für mehr Lust im Schlafzimmer sorgt. Das bereits von den alten Römern als Potenzmittel verwendete Gemüse enthält die Pheromone Androstenon und Androstenol, die die sexuelle Erregung steigern und aphrodisierend wirken. Sellerie enthält außerdem Kalzium und Magnesium – wichtige Mineralien zur Entspannung und Kontraktion der Muskeln.

## Der passende Saft

Seite 80: Schlangenbeschwörer

### Superfood-Tipp

**Maca**, die Wunderknolle aus den Anden, ist eines der am längsten bekannten Superfoods überhaupt, und gilt als Libidoverstärker. Maca regt die Geschlechtsdrüsen des Körpers zu einer verbesserten Hormonproduktion an. Maca enthält viele natürliche chemische Stoffe wie ungesättigte Fettsäuren, Aminosäuren und Vitamine, die für die Gesundheit der Fortpflanzungsorgane unerlässlich sind.

# Nachlassende Fitness

Körperliche Betätigung wirkt sich unmittelbar positiv auf die Stimmung, die Herzgesundheit und die sexuelle Leistungsfähigkeit aus und sorgt für einen klaren Teint. Unserer Auffassung nach sind ausreichend Bewegung und eine ausgewogene Ernährung der ultimative Weg zu Gesundheit und Wohlbefinden. Wir werden oft gefragt, welchen Saft man vor und welchen nach dem Training trinken sollte. Um diese Frage gewissenhaft beantworten zu können, müssen wir etwas weiter ausholen. Hilfreich sind sicherlich Hinweise, was der Körper vor und nach einem Training benötigt, damit Ihnen Ihr innerer Hausarzt den richtigen Saft verordnen kann. Eve Kalinik (Seite 12) verschafft uns daher einen Überblick.

## Wie steigert Ernährung die körperliche Leistungsfähigkeit?

Bekanntlich halten sich Profisportler vor und nach einem Wettkampf an einen strikten Ernährungsplan, der dafür sorgt, dass ihr Körper genau zum richtigen Zeitpunkt  mit dem richtigen Brennstoff versorgt ist, um optimale Leistung bringen zu können. Auch Ihre Fitness kann von diversen Faktoren abhängen – vom Fitnesslevel vor dem Training, von den Erholungstechniken zwischen den Trainingseinheiten und natürlich von der Qualität der Nahrung. Ohne die richtige Ernährung können Sie sich schwach und müde fühlen sowie anfälliger für Verletzungen und Krankheiten werden. Stellen sie daher Ihrem Körper alles Notwendige zur Verfügung, damit er die besten Ergebnisse erzielen und sich erholen kann.

## Das hilft!

### Langsam verwertbare Kohlenhydrate

Kohlenhydrate, die im Körper in Glucose aufgespalten werden, sind der wichtigste Brennstoff für Durchhaltevermögen und Leistung, insbesondere bei Ausdauersportarten. Glucose wird wiederum in Form von Glykogen zum Großteil in der Leber (in kleinen Mengen auch im Muskelgewebe) gespeichert. Sind die Glucose-Werte zu niedrig, hat das Folgen für die Leistungsfähigkeit. Die besten Kohlenhydratquellen sind die, die eine langsame Freisetzung der Energie ermöglichen, beispielsweise Gemüse und Vollkornprodukte wie Quinoa, Dinkel und Naturreis (nicht die raffinierten weißen Produkte).

### Hochwertiges Eiweiß für Training und Regeneration

Eiweiß ist für das Training und für die Erholung danach unerlässlich, dabei hängt der jeweilige Bedarf aber von der Intensität und der Dauer der sportlichen Betätigung ab. Eine gute Richtschnur ist ein Gramm Eiweiß pro Kilogramm Körpergewicht täglich. Da Eiweiß für die Regeneration und den Aufbau der Muskeln gebraucht wird, ist es wichtig, viele hochwertige Eiweißquellen in den Speiseplan zu integrieren. Dazu gehören Bio-Eier, Hülsenfrüchte, Nüsse und Samen, Bio-Hühnerfleisch, wild gefangener Fisch und Bio-Fleisch aus Weidetierhaltung (in Maßen!).

### Regeneration mit gesunden Fetten

Fette aus gesunden Ölen der Omega-3-Gruppe wie in Fettfisch und in Chia- oder Leinsamen unterstützen die Regeneration, indem sie entzündungshemmende Prozesse fördern und die Zellmembranen mit Nahrung versorgen.

### Ausreichend trinken

Die Flüssigkeitsaufnahme ist wichtig, da Flüssigkeitsmangel Leistung und Ausdauer reduziert und wichtige Nährstoffe wie Natrium, Kalium, Kalzium und Magnesium ständig ersetzt werden müssen.

## Antioxidantien für die Regeneration

Antioxidantien fördern die Regeneration nach dem Sport, da sie während des Trainings freigesetzte freie Radikale beseitigen und das Gewebe instand setzen. Zu finden sind sie in Lebensmitteln, die reich an Vitamin C, A und E sowie Zink sind, zum Beispiel in Mangold, Kiwi, Heidelbeeren, Möhren, Romanasalat, Paprikaschoten, Süßkartoffeln, Tomaten, Nüssen und Samen.

## Nährstoffe aufstocken

Zur Energieversorgung des Stoffwechsels tragen sämtliche Vitamine der B-Gruppe bei, die in Linsen, Vollkornprodukten, Mandeln, Spargel, Spinat und Avocados stecken. Magnesium und Kalzium sind wichtig für einwandfrei funktionierende Muskeln und Nerven. Halten Sie Ausschau nach Blattgemüse, Sesamsamen, Feigen, Brokkoli, Pak Choi und Okraschoten. Eisen, lebenswichtig für die Hämoglobinbildung und den reibungslosen Transport von Sauerstoff im Körper und in die Muskelzellen, ist in Nüssen und Samen, Hülsenfrüchten und Bio-Fleisch aus Weidetierhaltung enthalten.

# Die Naturapotheke

Eve empfiehlt folgendes Obst und Gemüse für eine Optimierung Ihrer Workouts:

**Rote Bete** enthält Eisen, das die Kondition stärkt und somit für eine optimale Leistung beim Training sorgt, und darüber hinaus die für den Stoffwechsel wichtige Folsäure aus der Gruppe der B-Vitamine liefert. Ein weiterer wichtiger Nährstoff ist Nitrat, das in Nitrit und dann in Stickstoffmonoxid umgewandelt wird. Das fördert nicht nur die Durchblutung, sondern reduziert auch die von den Muskeln benötigte Sauerstoffmenge, sodass diese effizienter arbeiten können.

**Blattgemüse** wie Grünkohl, Romanasalat und Spinat enthalten neben Eisen auch die antioxidativ wirkenden Vitamine A und C, die dazu beitragen, während des Trainings erzeugte freie Radikale zu neutralisieren. Zudem enthält Spinat Zink, das den Milchsäurespiegel senkt und leicht über den Schweiß ausgeschieden wird.

**Gurken** und **Kokoswasser** versorgen den Körper mit Flüssigkeit und wertvollen Elektrolyten, die im Training verloren gehen. Kokoswasser liefert außerdem Zucker zum schnellen Kraftauftanken in natürlicher und gut verwertbarer Form.

**Ingwer** hat entzündungshemmende Eigenschaften und fördert die Durchblutung, was Muskelschmerzen nach dem Training verringert.

**Chiasamen** sind ein ausgezeichneter Omega-3-Lieferant, beugen Entzündungen vor und liefern Eiweiß für die Muskelregeneration.

**Himalaja-Salz** beinhaltet 80 Mineralien und Elemente, vor allem Natriumchlorid (Kochsalz), das im Training verbraucht wird. Aufgrund seines Mineralgehalts kann das pinkfarbene Salz zum Ausgleich des Elektrolythaushalts beitragen und Muskelkrämpfen vorbeugen.

### Superfood-Tipp

**Chlorophyll** ist ein natürlicher Farbstoff, dem das Gemüse seine grüne Farbe zu verdanken hat (Seiten 20–21). Seine chemische Struktur ähnelt der des Hämoglobins, das dazu beiträgt, Sauerstoff durch den Körper und in die Muskelzellen zu transportieren. Geben Sie flüssiges Chlorophyll zu Säften oder essen Sie reichlich grünes Blattgemüse.

### Der passende Saft

Seite 64: Grüner Energiespender
Seite 75: Kraftstoff-Kur

# Arthrose

Arthrose kommt in unserer Familie häufig vor und ich habe selbst miterlebt, wie Mitglieder meiner Familie mütterlicherseits mit dieser kräftezehrenden Krankheit umgehen müssen. Meine Mutter Patti ist einfach wunderbar. Sie weigert sich, die Arthrose über ihr Leben bestimmen zu lassen und hat sie mit Übungen und Ernährungstricks ziemlich erfolgreich in den Griff bekommen. An ihrem 60. Geburtstag meldete sie sich zu ihrem ersten Marathon an und heute, mit fast 70, läuft sie immer noch acht Kilometer täglich und spielt Tennis.

## Was ist Arthrose?

Arthrose ist eine degenerative Krankheit, die häufig in den gewichttragenden Gelenken an Händen, Füßen, Knien und Hüften zu Schwellungen und bisweilen Verformungen führt. In einem gesunden Gelenk ist der Knochen mit Knorpelgewebe (einem harten, gummiartigen Bindegewebe) überzogen, das Stöße abfängt, Reibung reduziert und biegungselastisch ist. Ein von Arthrose befallener Knochen zeigt einen Verschleiß der Knorpelschicht, der eine chronische Entzündungsreaktion verursacht. Vermehrt auftretende freie Radikale zerstören das Knorpelgewebe und die Membran, die es umgibt. Damit das Gelenk stabilisiert wird, kann es, um den leeren Raum auszufüllen, zu Knochenwachstum kommen, wodurch die Bewegungsfreiheit eingeschränkt wird. Je mehr das Knorpelgewebe schwindet, desto stärker reiben die Knochen gegeneinander, was zu Schmerzen und weiteren Einschränkungen der Bewegungsfreiheit führt.

## Was ist die Ursache?

Zu den Ursachen von Arthrose zählen Verschleiß, Fettleibigkeit, Diabetes, Nahrungsmittelallergien, Gelenkverletzungen, Osteoporose, genetische Faktoren oder neuromuskuläre Störungen. Auch Hormon- und Stoffwechselstörungen können eine Rolle spielen. Die vorherrschende Meinung in der Medizin schreibt die Krankheit vor allem der lebenslangen Abnutzung der Gelenke zu. Eine neuere Studie der Stanford University School of Medicine hat gezeigt, dass die Krankheit bei einer Behandlung der Entzündungsprozesse im Frühstadium der Arthrose (bevor Symptome auftreten) eines Tages vermeidbar sein könnte.

## Das hilft!

### Linderung durch Nahrungsmittel

Da es bei Arthrose unbedingt erforderlich ist, die Entzündungsreaktion in den Griff zu bekommen, können entzündungshemmende Nahrungsmittel wie an Omega-3-Fettsäuren reicher Fettfisch, sowie Chia- und Leinsamen hilfreich sein. Auch Lebensmittel mit vielen Antioxidantien tragen dazu bei, die Symptome zu lindern. Dazu gehören auch Vitamin C und E enthaltende Nahrungsmittel wie Brokkoli, Kohl, Spinat, Paprikaschoten, Blumenkohl, Nüsse, Samen und Avocados.

### Verzicht auf Krankmacher

Unerlässlich ist es, entzündungsfördernde Nahrungsmittel zu vermeiden sowie mögliche Unverträglichkeiten oder Allergien zu berücksichtigen. Häufig sind es die üblichen Auslöser (Weizen, Gluten, Milch- oder Sojaprodukte), aber auch aminreiche Nahrung kann die Symptome verstärken. Amine, die aus dem Speiseplan gestrichen werden sollten, kommen häufig vor in Wein, Bier, Wurstwaren, gereiftem Käse oder Blauschimmelkäse, Sojasauce, Trockenobst und Schokolade.

### Tägliche Dosis Sonne

Da auch Vitamin-D-Mangel mit Arthrose in Verbindung gebracht wird, sind ein zehnminütiges Sonnenbad täglich oder der Verzehr von mit Vitamin D angereicherter pflanzlicher Milch gute Mittel, um für ausreichend Nachschub zu sorgen.

## Die Naturapotheke

Eve Kalinik (Seite 12) empfiehlt folgende Nahrungsmittel zur Vorbeugung gegen und zur Linderung von Arthrose:

**Grünkohl, Brokkoli** und **Spinat** enthalten viel Vitamin C, das den Aufbau von Knorpelgewebe fördert und zur Regeneration der Knochenzellen beiträgt. Seine antioxidativen Eigenschaften helfen, die Entzündungsreaktionen zu reduzieren und freie Radikale zu neutralisieren. Diese Gemüsesorten enthalten zudem eine gewisse Menge von Vitamin E, einem weiteren Antioxidans, das die Membranen stärkt und dazu beiträgt, die Frühschäden zu verhindern.

**Sellerie** ist nicht nur sehr reich an Vitamin C, sondern wirkt auch auf natürliche Weise harntreibend und fördert damit die Ausscheidung von Toxinen.

**Ananas** enthält Bromelain, das erwiesenermaßen entzündungshemmend und schmerzstillend wirkt.

## Der passende Saft

Seite 66: Grüner Tropentraum

### Superfood-Tipp

**Kurkuma** wirkt entzündungshemmend, antioxidativ und fördert die Entgiftung.

# Schlafstörungen

Wie viele Schäfchen haben Sie in Ihrem Leben schon gezählt? Vermutlich einige und damit sind Sie nicht allein, denn viele Menschen nehmen Schlafmittel ein. Das kann sinnvoll sein, um seinen Schlafrhythmus wiederzufinden, vor allem bei akuten Schlafstörungen – aber als langfristige Lösung möchten wir Ihnen dabei helfen, das Problem an der Wurzel zu packen. Mit einigen Entspannungs- und Ernährungstipps von Eve Kalinik (Seite 12) hoffen wir, dass Sie bereits beim Lesen dieser Seite einschlafen werden.

## Was sind Schlafstörungen?

An Schlafstörungen oder Schlaflosigkeit zu leiden bedeutet, für kurze Zeitperioden oder sogar langfristig nicht mehr ein- oder durchzuschlafen zu können. Schlafstörungen können grob in zwei Kategorien unterteilt werden: Einschlafstörungen und Durchschlafstörungen, die zur Folge haben, dass man häufig oder früh aufwacht. Wenn Schlafstörungen längere Zeit anhalten, können sie zu Depressionen, Diabetes, Herz-Kreislauf-Erkrankungen und Gedächtnisstörungen führen.

## Sind Sie betroffen?

Zu den häufigsten Symptomen zählt die Schwierigkeit einzuschlafen sowie nachts oder frühmorgens aufzuwachen und nicht wieder einschlafen zu können. Wer an Schlafstörungen leidet, fühlt sich oft sehr müde, und der Alltag kann zu einem Problem werden.

## Was ist die Ursache?

Mögliche Ursachen von Einschlafstörungen können Ängste, Schmerzen, Stimulanzien oder sogar die Einrichtung Ihres Schlafzimmers sein – oft ist es einfach zu warm oder zu hell. Durchschlafstörungen können durch Hypoglykämie (Unterzuckerung), Schlafapnoe (Atemstillstand), Depressionen oder hohe Werte des Stresshormons Cortisol verursacht werden.

## Das hilft!

### Mehr Bewegung

Tägliche sportliche Betätigung bietet ein Ventil für Spannungen, die für Unruhe sorgen würden, sobald man versucht, sich auszuruhen. Darüber hinaus setzt Sport Endorphine frei, die dazu beitragen, Nerven und Ängste zu beruhigen.

### Verzicht auf Stimulanzien

Kaffee, koffeinhaltige Tees und Zucker stören den Schlafrhythmus und erschweren das Einschlafen. Koffein beeinträchtigt den Schlaf bis zu 24 Stunden. Verzichten Sie darauf oder nehmen Sie es nur am Morgen zu sich. Frischer Saft, Kräutertee oder Nussmilch (Seiten 102–107) statt Nachmittagstee oder -kaffee schenken mehr und länger Energie.

### Verzicht auf Ess- und Trinkgelage

Alkohol und eine üppige Mahlzeit helfen vielleicht dabei, schnell einzuschlafen, führen aber zu nächtlichem Aufwachen.

### Schlaffördernde Nahrungsmittel

Eine an Tryptophan reiche Nahrung kann den Serotoninspiegel erhöhen. Das aus dem Serotonin gebildete Melatonin ist ein Hormon, das den individuellen Schlaf-Wach-Rhythmus reguliert. Enthalten ist Tryptophan in Eiern, Sesamsamen, Bio-Hühnerfleisch aus Freilandhaltung, Cashewkernen, Mandeln, Bananen und Kichererbsen. Da auch ein niedriger Blutzuckerspiegel den Schlaf beeinträchtigt, sollte die letzte Mahlzeit des Tages aus einer guten Mischung von Eiweiß und Kohlenhydraten bestehen, um den Blutzuckerspiegel während der Nacht konstant zu halten.

## Maß halten

Vermeiden Sie Stimulanzien wie Koffein und raffinierten Zucker am Nachmittag, trinken Sie statt dessen lieber ab und zu einen Saft und essen Sie abends maßvoll. Nachts Handys, Laptops und WLAN auszuschalten, reduziert den Einfluss elektromagnetischer Felder und kann den Schlaf verbessern. Machen Sie aus Ihrem Schlafzimmer eine Wellness-Oase, indem Sie zum Beispiel einige Tropfen Lavendelöl, die für entspannten Schlaf sorgen, auf Ihr Kopfkissen geben.

# Die Naturapotheke

Zusätzlich zu den bereits aufgelisteten wirken folgende Nahrungsmittel schlaffördernd:

**Spinat, Romanasalat, Grünkohl** und **Brokkoli** liefern Folsäure, Magnesium und die Vitamine B6 und C – sie alle sind wichtige Kofaktoren für das Funktionieren der Neurotransmitter. Spinat und Petersilie enthalten zudem Glutamin, einen wichtigen Grundstoff für ein gut funktionierendes Nervensystem.

### Superfood-Tipp

**Sauerkirschsaft** enthält das für die Regulierung unserer Schlafmuster zuständige Hormon Melatonin. Ein kleines Glas reicht aus!

## Der passende Saft

Seite 74: Querbeet

# Hautprobleme

Das Geschäft mit der Schönheit ist eine Milliardenindustrie, aber Sie sollten keine Unsummen dafür ausgeben. Ob Sie nun gegen chronische Schuppenflechte kämpfen oder seit Jahren auf der Suche nach dem perfekten Antifaltenmittel sind, Ihre Haut wird von einer klugen Ernährung vermutlich mehr profitieren als von einer teuren Creme. Dank einer Kombination aus vollwertigen Nahrungsmitteln, Feuchtigkeitszufuhr und Reinigung wird Ihre Haut so strahlen, dass jeder Sie fragen wird, wie Sie sich Ihren Teint bewahren!

## Was bedeutet Hautgesundheit?

Die Haut ist das größte und eines der wichtigsten Körperorgane. Sie hat täglich mit den Toxinen einer verschmutzten Umwelt, Sonnenschäden und Chemikalien zu kämpfen, die allesamt zu einer Alterung der Haut, mit anderen Worten frühzeitiger Faltenbildung, beitragen. Ihre Haut ist die erste Barriere gegen Umwelteinflüsse, eine natürliche Rüstung sozusagen, und deshalb ist es wichtig, sie geschmeidig und fest zu erhalten. Die Haut besteht aus zwei Schichten – der Epidermis und der Dermis – und darunter einer Schicht aus subkutanem Fett. Da die Epidermis etwa alle 40 Tage erneuert wird, kann der Hautzustand mit den richtigen Zutaten in nur etwas mehr als einem Monat verbessert werden.

## Haben Sie Hautprobleme?

Ekzeme, Psoriasis, Akne, Falten und frühzeitige Hautalterung sind Zeichen dafür, dass Ihre Haut vielleicht etwas mehr Zuwendung von innen benötigt. Die Symptome sind schmerzhafte, trockene und schuppige Haut sowie eine übermäßige Ölproduktion und damit fettige Haut.

## Was ist die Ursache?

Für Eve Kalinik (Seite 12) sind Hautprobleme häufig ein Indiz für Nährstoffmangel oder für ein gestörtes Verdauungssystem, wie Resorptionsprobleme durch eine gestörte Darmflora. Genauer gesagt können Hautprobleme von säurebildenden, entzündungsfördernden Nahrungsmitteln wie Fleisch, Milchprodukten, Alkohol und Koffein herrühren, die das Milieu der Darmflora verändern und die weniger nützlichen Bakterien oder Pilze übermäßig gedeihen lassen (Seite 17), sodass nützliche Darmbakterien verdrängt werden. Außerdem benötigt die Haut Feuchtigkeit, um gesund zu bleiben, ohne ausreichendes Trinken ist sie unterversorgt. Auch eine Überbelastung der Entgiftungswege im Körper kann zu Hautproblemen führen.

# Das hilft!

## Mehr Spannkraft durch Saft

Frisch gepresste Säfte sind nicht nur einfache und wirksame Mittel für schöne Haut, sondern fördern auch die Entgiftung des Körpers.

## Nährstoffe für die Haut

Mit Nährstoffen für eine gesunde Haut kann man sich selbst maßgeblich zu einem gesunden Teint verhelfen. Dazu tragen viele Nahrungsmittel mit hohem Vitamin-C-Gehalt wie Paprika- oder Chilischoten, Brokkoli, Grünkohl und Spinat bei, sowie Gemüse mit hohem Vitamin-A-Gehalt wie Süßkartoffeln, Möhren, Butternusskürbis, Löwenzahn und Mangold. Auch Zink, enthalten in Kürbis- oder Cashewkernen und unbehandeltem Kakao, spielt eine wichtige Rolle, da es zur Regulierung der Talgproduktion und zum Aufbau der Hautzellen-Membranen beiträgt. Gesunde Öle mit Omega-3- und Omega-6-Fettsäuren sind wichtig, um die Membranen der Hautzellen zu nähren und entzündungshemmende Prozesse zu unterstützen. Sie kommen in fettreichem Fisch, Chia- und Leinsamen vor.

## Gut gepeelt ist halb gewonnen!

Peelings sollten Teil des Hautpflegeprogramms sein. Das Entfernen abgestorbener Hautzellen erleichtert die Entgiftung und bringt eine frischere Zellschicht zutage. Massieren Sie Ihren Körper dreimal wöchentlich vor dem Duschen mit einer weichen Bürste. Wenn Sie Ihr Gesicht mit einem Waschlappen reinigen, ist ein Peeling pro Woche vermutlich ausreichend. Wenn Sie nur Reinigungsmilch und Wasser verwenden, hilft ein Peeling zwei- bis dreimal pro Woche dabei, Make-up-Rückstände und abgestorbene Hautzellen zu entfernen.

# Die Naturapotheke

**Brokkoli** und **Spinat** sind ausgezeichnete Lieferanten von Folsäure und Vitamin C – beide unerlässlich für die Zellregeneration. Vitamin C fördert zudem die Kollagenbildung und reduziert oxidative Schädigungen der Haut. Darüber hinaus enthalten diese Gemüsesorten das Antioxidans Betacarotin, das den Entgiftungsprozess optimieren und die Toxinansammlung verringern kann. Sie sind außerdem reich an Vitamin A, das für eine gesunde Zellreplikation und -differenzierung wichtig ist.

**Fenchel** ist ebenfalls reich an Vitamin C. Der vermutlich wichtigste Bestandteil ist aber der sekundäre Pflanzenstoff Anethol. Diese Substanz wirkt erwiesenermaßen entzündungshemmend, sorgt mit ihren natürlichen antimikrobiellen Eigenschaften für ein Bakteriengleichgewicht im Magen-Darm-Trakt und wirkt entgiftend.

**Äpfel** stecken voller sekundärer Pflanzenstoffe und wehren daher mit ihren antioxidativen Eigenschaften freie Radikale ab. Außerdem enthalten sie das Flavonoid Quercetin, das Enzyme hemmen kann, die komplexe Kohlenhydrate in Einfachzucker umwandeln – Äpfel helfen also dabei, den Blutzuckerspiegel zu regulieren. Das ist für die Gesundheit wichtig, da Blutzuckerspitzen das Kollagen und die Blutgefäße schädigen können.

**Koriander** eignet sich hervorragend zur Bindung und Ausleitung von Schwermetallen aus dem Körper und trägt damit zur Entgiftung bei. Er wirkt außerdem antibakteriell sowie gegen Pilzbefall und unterstützt damit das Gleichgewicht der Darmflora. Kurzum: gesunde Verdauung = strahlender Teint.

**Gurken**, als gesundes Gemüse oft unterschätzt, sind ein ausgezeichneter Flüssigkeitsspender. Sie enthalten mehr als 95 Prozent Wasser und wichtige Elektrolyte. Zudem versorgen sie uns mit B-Vitaminen sowie einer Fülle von Mineralien und wirken antioxidativ.

## Der passende Saft

Seite 69: Grüner Beautydrink

### Superfood-Tipp

**Aloe-Vera-Saft** gilt nicht nur als immunstärkend und schmerzlindernd, er fördert auch eine gesunde Darmflora und reguliert den Säure-Basen-Haushalt im Körper. Zudem ist er ein Adaptogen und stärkt die körpereigenen Fähigkeiten, um mit Stress von außen umzugehen.

# Aus Liebe zum Saft

Hatten Sie schon mal den Wunsch, die körperlichen Spuren der Vergangenheit auszuradieren? Mit Saft ist es möglich (zumindest mehr oder weniger).

Auch wenn Sie viele Nächte durchgefeiert oder sich häufiger von fertigen als von hausgemachten Mahlzeiten ernährt haben, können Sie – und darauf deuten viele Studien hin – geschädigte Zellen über die Ernährung auswechseln und neu anfangen.

Die meisten Menschen nehmen ihren Körper und die Zellen, aus denen er besteht, als ein relativ unveränderliches Gebilde wahr. Das Gegenteil ist aber der Fall: Die meisten Zellen sterben nach und nach ab und werden durch neue ersetzt. Jedes Körpergewebe (Herz, Magen, Haut) braucht unterschiedlich lange, um sich vollständig zu regenerieren, aber im Durchschnitt erneuert sich die Gesamtheit der Zellen etwa alle sieben Jahre.

Vor diesem Hintergrund wird klar, dass es äußerst wichtig ist, nur das reinste, beste Baumaterial für Ihre neuen Zellen zu verwenden. Ihr Körper kann sich besser und jünger fühlen und beim Älterwerden besser aussehen. Motiviert Sie das?

## Jetzt kommen die Säfte ins Spiel

Man weiß heute, dass der Verzehr von rohem Obst und Gemüse die Energie steigert, chronischen Krankheiten vorbeugt, entsäuert und den Zellaufbau unterstützt. Wir essen aber viel zu selten frisches Obst und Gemüse, und genau da kommen die Säfte ins Spiel! Könnten Sie acht ganze Kohlblätter, eine große Gurke, ein Bund Petersilie, einen Kopfsalat, zwei Äpfel, eine Zitrone, eine große Handvoll Spinatblätter und ein Stück Ingwer auf einmal verspeisen? Vermutlich nicht, aber in Form von Saft ist das kein Problem. Entscheidend ist: Je mehr frisches Gemüse und Obst man konsumiert, desto geringer ist das Risiko, krank zu werden oder vor der Zeit zu sterben. Ganz nebenbei sieht man auch noch besser aus und fühlt sich sehr viel fitter!

## »Intravenöse« Ernährung

Das Trinken von Säften ist eine wunderbare Methode, um Nährstoffe in den Blutkreislauf zu bringen. Das Entsaften konzentriert Vitamine, Mineralien, Antioxidantien, Chlorophyll, Enzyme und Phytochemikalien aus Obst und Gemüse in flüssiger Form. Da den Zutaten die löslichen Ballaststoffe entzogen werden, kann der Körper die Nährstoffe fast umgehend aufnehmen. Außerdem überträgt man auf diese Weise dem Entsafter den Job der Verdauung und gönnt seinem eigenen Verdauungssystem eine Pause, während die Zellen, sozusagen intravenös und ohne Umwege, mit Nährstoffen versorgt werden. Bei dem Genuss von frisch gepresstem Saft erreichen die Inhaltsstoffe Ihren Körper innerhalb von 15 Minuten, bei einer gewöhnlichen Mahlzeit dagegen kann der Vorgang mehr als zwei Stunden dauern. Auf diese Weise bekommen Sie eine Fülle reiner und nährstoffdichter Bausteine für einen gesünderen Körper und ein strahlendes Ich.

# Wann ist eine Saftkur angesagt?

*A juice a day keeps the doctor away!*

Ich empfehle, für den Rest Ihres langen, gesunden Lebens mindestens 500 Milliliter grünen Saft pro Tag zu konsumieren (Seiten 62–77). Trinken Sie morgens vor dem Frühstück als Erstes einen grünen Saft – Ihr Körper wird es Ihnen danken. Ich bin ziemlich zuversichtlich, dass Ihre Zellen morgens bald statt nach Kaffee nach dieser smaragdgrünen Flüssigkeit lechzen werden. Je nachdem, wie Sie sich fühlen und wie viel Gemüse Sie im täglichen Leben zu sich nehmen können, haben Sie vielleicht nachmittags Lust auf ein zweites Glas Saft. Falls Sie bereits einen grünen Saft hatten, trinken Sie einen zweiten oder probieren Sie einen unserer Wurzelgemüse- oder Obstsäfte (Seiten 78–101) aus.

## Detox & Cleansing

Ideal wäre, einmal im Monat eine Saftkur durchzuführen, aber das ist nicht immer möglich. Versuchen Sie, zu jedem Jahreszeitenwechsel eine solche Phase einzuplanen. Erhöhen Sie die Zahl bei Erschöpfungszuständen, Erkältungen oder wenn Sie das Gefühl beschleicht, unbedingt einen Neustart zu brauchen. In diesem Buch finden Sie ein ganzes Kapitel, um Ihre persönliche Saftkur zusammenzustellen (Seiten 108–137), oder Sie lassen sich Säfte nach Hause liefern, um Zeit zu sparen. Verzeichnisse wie das von meinem Freund Max Gerson in New York begonnene Pressed Juice Directory (www.pressedjuicedirectory.com), das weltweit Anbieter kalt gepresster Bio-Säfte zusammenstellt, können Sie dabei unterstützen. Werfen Sie einfach einmal die Suchmaschinen an und Sie werden sicherlich fündig.

# Die Wahl eines Entsafters

Unter Saftenthusiasten wird die Diskussion über den besten Entsafter so heftig geführt wie eine feurige Parlamentsdebatte. Abhängig von Ihrem Elan, Ihrem Budget und der Zeit, die Ihnen für die Herstellung eines Safts zur Verfügung steht, sollten Sie einige Aspekte berücksichtigen. So ist ein zehnprozentiger Unterschied in der Menge des Saftertrags vermutlich weniger entscheidend als die Qualität des Saftes oder die benutzerfreundliche Bedienung und Reinigung des Geräts. Achten Sie also bei der Auswahl auf alle diese Punkte. Ein ausgesprochen ergiebiger Entsafter ist kaum sinnvoll, wenn man ihn nur selten benutzt, weil er sehr umständlich zu reinigen ist.

Es gibt drei Grundtypen von Entsaftern:

## 1. Kalt-Press-Entsafter/ Saftpressen

Der Rolls-Royce unter den Entsaftern ist der Kalt-Press-Entsafter Norwalk Juicer, den wir auch für unsere eigene Herstellung bei PLENISH verwenden. Er arbeitet mit einer hydraulischen Presse und drückt auch das letzte Tröpfchen aus jedem Stück Obst oder Gemüse. Durch das kalte Pressen ist die Nährstoffdichte des Safts besonders hoch, und viele Enzyme bleiben erhalten, weil keine Hitze entsteht. Für den Hausgebrauch könnte sich diese Lösung allerdings als zu teuer erweisen. Zum Testen der für unser Buch entwickelten Rezepte verwendeten wir Entsafter mit Zentrifugen und Schneidwerk. Die Ergebnisse waren in beiden Fällen sehr gut. Ich würde zum Kauf eines dieser Modelle raten, es sei denn, Sie hätten im Lotto gewonnen.

## 2. Zentrifugenentsafter

Hierbei handelt es sich um die verbreitetste Art von Entsaftern, wie man sie in Kaufhäusern oder Saftbars häufig findet. Zentrifugenentsafter zerkleinern das Saftgut mit einer sich über einem Sieb drehenden Scheibe und trennen dann Saft und Trester mit Zentrifugalkraft. Diese schnellen, durchaus erschwinglichen Entsafter gibt es in vielen Preisklassen. Sie werden, weil sie sehr praktisch und funktionell sind, auch in Saftbars eingesetzt. Der Nachteil dieser Geräte ist, dass durch das Zentrifugieren Wärme entsteht und die hohe Umdrehungszahl Sauerstoff in den Saft einwirbelt, der einige der Enzyme und empfindlicheren Nährstoffe zerstört. Außerdem werden die Nährstoffe durch die Hitze oxidiert und der Saft ist weniger nährstoffreich als der aus einer hydraulischen Saftpresse oder einem Entsafter mit Schneidwerk.

### 3. Slow Juicer

Slow Juicer sind in der Regel teurer, produzieren aber einen hochwertigeren Saft. Diese Entsafter mit Walzen extrahieren den Saft, indem sie Obst und Gemüse zuerst zerkleinern und dann pressen, um einen hohen Saftertrag zu erzielen. Weil dieser Vorgang langsamer vor sich geht, erzeugt der Motor weniger Hitze und Sauerstoff, wodurch mehr Nährstoffe unversehrt bleiben.

Eine Neuentwicklung unter den Slow Juicern ist der vertikale Entsafter. Diese Entsafter stehen ganz oben auf der Preisskala, gehören aber zu meinen Favoriten für das Entsaften zu Hause. Sie eignen sich in der Regel für die Reinigung im Geschirrspüler – ein echter Pluspunkt.

## Die richtigen Zutaten

Zum Entsaften brauchen Sie das passende Obst und Gemüse. Im Folgenden habe ich einige Einkaufstipps für Sie gesammelt:

- Reifes Obst und Gemüse ist reich an Antioxidantien und sekundären Pflanzenstoffen.
- Wählen Sie reife oder fast reife, noch feste Früchte. Denn zu weiche Äpfel, Birnen und Tomaten werden im Entsafter zu Brei, sind wenig ertragreich und ergeben keinen leckeren Saft.
- Gemüse sollte keine schwarzen oder angefaulten Stellen haben, nicht trocken, blass oder überreif sein, sondern FRISCH! Blassgrüne Spinatblätter etwa liefern weniger Vitamin C als dunkelgrüne.
- Kaufen Sie Bio-Produkte. Bio-Lebensmittel unterliegen strengen Auflagen in Bezug auf Pestizide. Diese gesundheitsschädigenden Chemikalien sind in konventionellem Obst und Gemüse in besorgniserregenden Mengen nachweisbar. Bio-Lebensmittel sind außerdem frei von genetisch veränderten Bestandteilen.
- Bio-Gemüse und -Obst sind teurer. Da Sie aber selbst entscheiden, welche Produkte Sie wann und wo kaufen, können Sie bunt mixen und Ihren Geldbeutel schonen. Fragen Sie die Bauern auf Ihrem Wochenmarkt, ob sie Pestizide verwenden. Viele tun dies vermutlich nicht. So kann man eine Menge Geld sparen.

### Das »Dreckige Dutzend« und die »Freien Fünfzehn«

Nicht jedes herkömmliche Obst und Gemüse ist stark pestizidbelastet. Einige Sorten verfügen über eine natürliche Schutzschicht, die aufgesprühte Pestizide abwehrt. Bei Obst oder Gemüse mit dünner Schale (wie Beeren oder Äpfeln), die mitverzehrt wird, werden die aufgesprühten Pestizide aufgenommen. Bei Avocados oder Bananen, bei denen die äußere Schale entfernt wird, war das Innere bis zu einem gewissen Grad geschützt.

#### Das »Dreckige Dutzend«

Äpfel | Heidelbeeren | Sellerie | Kirschen | Gurken | Weintrauben | Kopfsalat | Nektarinen | Pfirsiche | Paprikaschote | Spinat, Grünkohl | Erdbeeren

#### Die »Freien Fünfzehn«

Spargel | Aubergine | Avocado | Weißkohl | Cantaloupe-Melone | Grapefruit | Kiwi | Mango | Zwiebel | Papaya | Erbsen | Ananas | Zuckermais | Süßkartoffeln | Wassermelone

# Die Superstars unter den Saftzutaten

Pflanzliche Nahrungsmittel machen fit und zufrieden. Ich esse sie leidenschaftlich gern und verarbeite sie mit Begeisterung zu Saft. Sie werden bemerken, dass einige Zutaten, sozusagen unsere Saft-Superstars, in vielen unserer Rezepte auftauchen. Das heißt nicht, dass nicht alle Obst- und Gemüsesorten unglaublich gesund sind, aber die hier vorgestellten geben jedem Saft einen vitalstoffreichen Kick und sollten immer vorrätig sein.

## Grünes Blattgemüse

Blattgemüse liefert wertvolle Vital- und Nährstoffe in konzentrierter Form.

**Grünkohl** ist in Europa schon seit dem frühen Mittelalter bekannt und in jüngster Zeit als Superfood ins Rampenlicht zurückgekehrt. Kalorie für Kalorie enthält er fast so viel Eisen wie rotes Fleisch und mehr Kalzium als Milch. Damit sorgt er für das Zellwachstum, den Sauerstofftransport im Körper und für starke Knochen. Er beinhaltet eine Fülle von Ballaststoffen, Antioxidantien und Vitamin K, denen eine schützende Wirkung gegen verschiedene Krebsarten zugesprochen wird. Außerdem wirkt er entgiftend, indem er die Leber mit Schwefelverbindungen unterstützt.

**Spinat** – Comic-Matrose Popeye war seiner Zeit weit voraus. Er hatte wohl geahnt, dass Spinat nicht nur die Muskeln stärkt, sondern dank des hohen Gehalts an Chlorophyll (Seiten 20–21) und Karotinoiden auch vor Krebs, Makuladegeneration und Entzündungen schützen kann. Kaum ein pflanzliches Nahrungsmittel enthält mehr Vitamin K für gesunde Knochen. Wie Grünkohl ist Spinat reich an Eisen und Vitamin C, einer Kombination, die die Fähigkeit der roten Blutkörperchen, Sauerstoff zu transportieren, verbessert.

**Gurken** stammen, ebenso wie Melonen, aus der Familie der Kürbisgewächse. Wegen ihres hohen Wassergehalts (mehr als 95 Prozent) sind sie eine großartige Grundlage für jeden Saft. Sie enthalten darüber hinaus sehr wenig Zucker und liefern eine wertvolle Fülle von Vitaminen und Mineralien. Das in Gurken enthaltene Kalium unterstützt die Flüssigkeitsversorgung und den Ausgleich des Elektrolythaushalts nach dem Sport. Bereits eine halbe Gurke versorgt Sie mit zehn Prozent Ihres Tagesbedarfs an Vitamin K. Der erfrischende, leicht süßlich schmeckende Gurkensaft passt gut zu jedem grünen Gemüse- oder Obstsaft. Wer regelmäßig seinen eigenen Saft herstellt, sollte immer Gurken im Haus haben. Geben Sie die Gurken ganz zum Schluss in den Entsafter. Ihr hoher Wassergehalt wird die bereits entsafteten Reste des Blattgemüses »durchspülen«. Gurken aus nicht-biologischem Anbau sollten vor dem Entsaften geschält werden.

## Wurzelgemüse

**Rote Bete** ist ein echter Leistungsträger. Ihre dunkelviolette Farbe verdankt sie dem in großen Mengen vorhandenen Pflanzenstoff Betazyanin, der antioxidativ, entzündungshemmend und entgiftend wirkt. Rote Bete ist außerdem reich an Kalium, Mangan, Eisen, den Vitaminen A, B6 und C und vor allem an Folsäure. Sie sorgt für mehr Ausdauer und eine bessere Durchblutung und wirkt darüber hinaus blutdrucksenkend. Nachdem man in der *New York Times* lesen konnte, dass Radfahrer, die vor einem Rennen 500 Milliliter Rote-Bete-Saft tranken, bedeutend schneller waren als die anderen Sportler, weil dieser Saft für eine bessere Sauerstoffversorgung der Muskeln sorgte,

ist Rote Bete als leistungssteigerndes Mittel im Sport geschätzt. Die besten Resultate erzielen dabei Sportler, die regelmäßig Rote-Bete-Saft trinken. Genießen Sie den roten Saft wie ein Glas edlen Wein, also schluckweise, vor allem, wenn Sie nicht daran gewöhnt sind. Die gesunde Knolle wirkt stark entgiftend und ihr Saft kann zu Übelkeit führen, wenn er zu schnell getrunken wird. Außerdem hinterlässt er gerne Flecken, ziehen Sie also lieber kein weißes T-Shirt an.

**Möhren** sind reich an Betacarotin (eine Phytochemikalie, die der Körper in Vitamin A umwandelt), dessen antioxidative Eigenschaften Sehkraft, Fortpflanzung sowie gesunde Zellmembranen und das Zellwachstum fördern. Außerdem enthalten Möhren viele hochwirksame Antioxidantien und verfügen über einen sehr hohen Wassergehalt (bis zu 85 Prozent) und viel natürliche Süße. Möhren- und ein Schuss Limettensaft können den erdigen Geschmack von Roter Bete in einer Saftkomposition gut abmildern.

**Süßkartoffeln** können dank ihrer vielen essenziellen Vitamine und Mineralien wie Vitamin C und den B-Vitaminen den Körper vor Schäden durch freie Radikale schützen, während ihr Gehalt an Kalium, Magnesium und Kupfer für einen gesunden Blutdruck und feste Muskeln sorgt. Die gesunde orange Knolle ist einer unserer nährstoffreichen Favoriten. Für alle, die Angst vor Kohlenhydraten haben: Süßkartoffeln sind eine großartige Grundlage für einen sättigenden Saft. Beim Entsaften sammelt sich am Boden ein weißes, stärkehaltiges Sediment. Verwenden Sie nur den Saft und schütten Sie das Sediment weg.

## Obst

Obstsäfte schmecken köstlich, man sollte sie aber im Verhältnis zu Gemüsesäften in Maßen genießen, um den Zuckerkonsum unter Kontrolle zu halten. Wir haben hier einige unserer Obstfavoriten aufgeführt, die einen niedrigen bis mittleren GI-Wert (Seite 25) aufweisen, um sicherzustellen, dass Ihr Saft keine Blutzuckerspitze auslöst und ohne Vorbehalt vielseitig gesundheitsfördernd einsetzbar ist.

**Äpfel** sind, roh genossen, großartige Lieferanten von Vitamin C, dem Antioxidans, das die Immunabwehr stärkt und Zellen vor Schäden durch freie Radikale schützt. Apfelschale ist reich an Quercetin, einem natürlichen Antioxidans, das den Darm schützt. Frisch gepresster Apfelsaft gehört daher zu meinen bevorzugten Süßungsmitteln und passt sowohl zu Blatt- als auch zu Wurzelgemüsesäften.

**Birnen** sind eine hervorragende Quelle der Vitamine B2, C und E sowie von Kupfer, Kalium und Pektin. Sie fördern einen gesunden Cholesterinspiegel und halten den Dünn- und Dickdarm für die Verdauung und Ausscheidung fit. Durch die natürliche Süße von Birnen kann man starke Gemüsearomen wie die von Grünkohl und Brokkoli hervorragend ausgleichen.

**Ananas** weichen im Hinblick auf ihren Glykämischen Index von der Norm ab. Bei den meisten Obstsorten ist der GI-Wert des Saftes höher als der der Früchte, aus denen er gewonnen wurde. Bei Ananas liegt der GI des Saftes (GI 43) aber weit unter dem der ganzen Frucht (GI 66). Als erstklassiger Lieferant des Enzyms Bromelain fördert Ananas die Verdauung sowie gesunde Knochen und Gelenke und ist reich an Vitaminen A bis C sowie Mineralien wie Mangan, Kupfer und Folsäure. Ananas- lässt sich gut mit Gemüsesaft kombinieren und hilft, wenn man Heißhunger auf Süßes hat. Bei mir schafft es meist aber nur die halbe Frucht in den Entsafter, weil der Rest längst verputzt ist!

# Saftrezepte

## Tipps für die Saftzubereitung

**Auf Sauberkeit achten** Blattgemüse, Salatblätter und Kräuter sowie Obst- und Gemüsesorten, die mit Schale entsaftet werden, müssen sorgfältig gewaschen werden.

**1 Tasse = dicht füllen** Wir empfehlen zum Abmessen der Zutaten eine Tasse mit 250 Milliliter Inhalt oder eine kleine Schüssel, die derselben Füllmenge entspricht. Dann werden die Zutaten klein geschnitten und fest in die Tasse gedrückt (Brokkoli, Spinat oder Petersilie beispielsweise mit Stängeln und allem, was dran ist).

**Vorbereitung** Obst und Gemüse wird meist im Ganzen verarbeitet. Von Roter Bete, Erdbeeren, Rettichen, Möhren schneidet man die Spitze ab. Knoblauch, Zwiebeln, Ananas, Kiwis, Papaya, Avocados und Melonen schält man. Von Zitrusfrüchten werden die Schale und die weiße Haut, von Obst die Stiele, Kerne und Steine und aus Paprika- und Chilischoten die Samen entfernt. Meerrettich, Ingwer und Zitronengras können bleiben, wie sie sind.

**In der Ruhe liegt die Kraft** Obst und Gemüse werden je nach Größe des Einfüllstutzens Ihres Entsafters klein geschnitten. Nicht alles auf einmal hineingeben, sonst verstopft der Entsafter.

**Erst trocken, dann saftig** Zuerst grünes Blattgemüse und Kräuter, dann saftiges Obst oder Gemüse mit hohem Wassergehalt einfüllen.

**Im Zweifelsfall Gemüse dazu** Die Rezepte ergeben 500 Milliliter aus Obst und Gemüse mittlerer Größe. Es kann sein, dass die Saftmenge durch Größenunterschiede leicht unterschiedlich ausfällt. Strecken können Sie den Saft mit Gemüsesorten, die wenig natürlichen Zucker enthalten, aber reich an mit Vitaminen angereichertem Wasser sind (wie beispielsweise Gurke, Zucchini oder Kopfsalat).

**Keine Angst vor Bodensatz** Säfte bilden natürlicherweise einen Bodensatz. Leichtes Schütteln oder Umrühren schafft Abhilfe.

**Deckel drauf und kalt stellen** Frisch gepresste Säfte sollten innerhalb von 24 Stunden verbraucht und bis zum Verzehr in einem luftdicht verschlossenen Behälter im Kühlschrank aufbewahrt werden.

# Gemüsesäfte (mild und leicht)

## Mit Obst, für den sanften Einstieg

# Grüner Energiespender

Dieser Drink mit seiner herrlich dunkelgrünen Farbe sättigt zu jeder Tageszeit wunderbar, vor allem aber nach dem Sport. Falls Sie diesen Saft im Voraus zubereiten, achten Sie darauf, ihn kräftig zu schütteln, da sich die Chiasamen am Boden absetzen. Kokoswasser und Chiasamen enthalten jede Menge Eiweiß sowie wichtige Elektrolyte wie Natrium, Kalium und Magnesium, die beim Schwitzen verloren gehen. Außerdem fördern die chlorophyllreichen Gemüsesorten die Ausscheidung von Milchsäure.

3 Tassen Mangold | 3 Tassen Romanasalat | 2 Tassen Brokkoliröschen mit Stängeln | 250 ml Kokoswasser | 1 EL Chiasamen | 1 Prise Himalaja-Salz

# Popeye am Strand

Popeye wusste einiges über gesunde Ernährung und setzte als Energiequelle auf Spinat mit viel Vitamin A und Eisen. Dieser milde Gaumenschmeichler wäre bestimmt der richtige Urlaubsdrink für den Matrosen.

1 Tasse frische Spinatblätter | 3–4 Brokkoliröschen mit Stängeln | 2 Selleriestangen | ¼ Tasse Koriandergrün | 60 ml Kokoswasser | 1 Gurke

# Rot-Grüne Koalition

Ebenso wie Rettich regen Radieschen die Gallenproduktion an, unterstützen damit die Entgiftung und können als zuckerarme Alternative zu Cranberrys gegen Beschwerden bei Harnwegsinfekten verwendet werden. Vermischt mit dem Eiweiß der Sprossen gibt dieser alkalisierende, leicht süßliche Saft einen angenehmen Frischekick.

½ Tasse Radieschen, geputzt | ½ Tasse Alfalfa- oder Sonnenblumensprossen | 1 roter Apfel, ohne Stiel | 1 Tasse Mangold | 1 Gurke

# Grüner Kokosdrink

Limettensaft und Kokoswasser werden mit ein wenig Gemüse und ein bisschen Zitronengras kombiniert. Heraus kommt ein superleckerer Saft, der alkalisierend und entgiftend wirkt. Einfach die Augen schließen und genießen.

1 Birne, ohne Stiel
1 Tasse Grünkohl
¼ Limette, geschält und ohne Kerne
1 Stängel Zitronengras
1 Gurke
60 ml Kokoswasser

# Grüner Tropentraum

Eine Kombination aus Ananas und Gemüse kann einfach nur gut sein. Dieser Saft, der reich an Vitamin C und Antioxidantien ist, schmeckt jedem, von acht bis 80, und hilft außerdem hervorragend gegen Entzündungen bei Arthrose.

4 Tassen Grünkohl | 3 Tassen Brokkoliröschen mit Stängeln | 4 Tassen frische Spinatblätter | 2–3 Selleriestangen | 1½ Tassen Ananas, geschält und zerkleinert, mit Strunk

# Grün, süß und sexy

Birne und Basilikum machen diesen Saft mit seiner beeindruckenden Liste alkalisierender Bestandteile äußerst schmackhaft und erfrischend. Dieser Saft gehört zu meinem Standardrepertoire und liefert reichlich Energie für den ganzen Tag.

½ Kopfsalat | 1½ Birnen, ohne Stiel | 1 Tasse frische Spinatblätter | 1 Tasse Grünkohl | 4 Brokkoliröschen mit Stängeln | ½ Tasse frisches Basilikum | 1 Gurke

# Pink Panther in Grün

Die Säure der Pink-Grapefruit und die Süße der Orange sorgen elegant für eine Tarnung der Grünkohl- und Spinataromen. Ein hervorragender Einsteigersaft für alle, die neu im Land der grünen Säfte sind und Zitrusfrüchte mögen. Wenn Sie sich erst an die grünen Aromen gewöhnt haben, werden Sie sich bald weiter vorwagen.

4 kleine Möhren | 1 Tasse frische Spinatblätter | 1 Tasse Grünkohl | 1 Orange, geschält und ohne Kerne | 1 Pink-Grapefruit, geschält und ohne Kerne

**Expertentipp**

Schale, weiße Innenhaut und Kerne von Zitrusfrüchten sollte man vor dem Entsaften entfernen, da sie sehr bitter sind.

# Detox in the City

Fenchel und Sellerie in diesem Saft wirken ausgesprochen entgiftend, und die gesamte Riege aus Gemüse und Obst ist reich an Antioxidantien und Vitaminen. Die gelbe Paprikaschote sollte schön reif sein, damit der Vitamin-C-Gehalt so hoch wie möglich liegt.

- 4 große Blätter Romanasalat
- ½ gelbe Paprikaschote, ohne Stielansatz, Kerne und Scheidewände
- ½ Tasse Grünkohl
- 1 säuerlicher grüner Apfel
- 1 süßer roter Apfel
- ½ Fenchelknolle
- 4 Selleriestangen
- 1 Tasse frische Spinatblätter
- 1 Stück frischer Ingwer, 2,5 cm, ungeschält
- ¼ Zitrone, geschält und ohne Kerne
- ½ Gurke

# Grüner Wassermelonendrink

Dieser leichte, kühlende und erfrischende Drink ist Sommer pur. Eine gute Wahl, wenn man Lust auf Süßes hat, aber trotzdem die Pluspunkte von Grünkohl und Gurke mit im Glas haben möchte.

½ Tasse frische Minzeblätter
1 Tasse Grünkohl
2 Tassen Wassermelone, geschält, zerkleinert und ohne Kerne
1 Gurke

**Expertentipp**

Verwenden Sie auch das weiße Fruchtfleisch direkt unter der Melonenschale. Es hat den höchsten Gehalt an Flavonoiden, Lycopin und Vitamin C.

# Grüner Beautydrink

Koriander, Fenchel und Apfel bilden eine tolle Grundlage für diesen leicht süßen, leckeren grünen Saft. Unsere Ernährungstherapeutin Eve Kalinik (Seite 12) hatte bei der Kreation dieses Schönheitswässerchens die Hautgesundheit im Hinterkopf. Genießen Sie diesen Drink regelmäßig einige Tage lang und jeder wird Ihr strahlendes Aussehen bemerken!

1 Tasse Brokkoliröschen mit Stängeln | 1 Tasse Fenchel | 2 Tassen frische Spinatblätter | 2 Äpfel, ohne Stiel | ½ Tasse Koriandergrün | 1 Tasse Gurke, zerkleinert

# Hirnzellenkick

Dieser milde, süß schmeckende grüne Saft ist reich an Folsäure, die die kognitiven Fähigkeiten fördert.

4 Selleriestangen | 2 Birnen, ohne Stiel | 2 Tassen Grünkohl | 1 Stück frischer Ingwer, 2,5 cm, ungeschält | 1 Tasse Mangold | 1 Zucchini | ½ Limette, geschält und ohne Kerne

# Apfel-Grünkohl-Mojito

Von diesem smaragdgrünen, fruchtig-würzigen Saft kann man getrost eine große Portion herstellen (sinnvoll wegen der langen Zutatenliste). Stellen Sie den Saft anschließend kühl und verbrauchen Sie ihn im Laufe von zwei Tagen. Probieren Sie ihn morgens auf leeren Magen oder nachmittags als Zwischenmahlzeit.

2 Äpfel, ohne Stiel | ½ Kopf Romana- oder grüner Bataviasalat (oder 2 Romana-Salatherzen) | 1 Tasse Grünkohl | ½ Tasse frische Petersilie | 1 frische grüne Chilischote, ohne Kerne | ¼ Tasse frische Minzeblätter | ½ Limette, geschält und ohne Kerne | 1 große Gurke

# Gemüsesäfte (herb und intensiv)

## Frucht-los für Fortgeschrittene

# Mexikanische Mamacita

Mir lag es sehr am Herzen, einen Saft mit roten Zwiebeln zu kreieren, weil sie so gesund sind, ich sie aber nicht gern roh esse. Zwiebeln wirken entzündungshemmend und antibakteriell und enthalten den als krebshemmend geltenden sekundären Pflanzenstoff Quercetin. Während der Testphase haben wir uns bei diesem Saft gegenseitig beglückwünscht, so lecker ist er. Wie Gazpacho, nur aus der Saftbar. Ich trinke diesen herzhaften Saft gern abends während einer Saftkur, weil er eine schöne Abwechslung zu den süßeren Säften ist, die ich tagsüber bevorzuge. Sie können die Chili-Kerne in den Schoten lassen, wenn Sie's scharf mögen. So wie ich!

1 Salattomate | 1 grüne Chilischote | 1 Tasse Koriandergrün | ½ rote Zwiebel, geschält | 1½ Gurken | ½ Limette, geschält und ohne Kerne

# Herzhafter Regenbogen

Dieser Saft ist ein toller Einstieg in Gemüsesäfte ohne Obst. Sie werden überrascht sein, wie elegant Paprika und Möhren den Saft versüßen und Gurke und Romanasalat den Geschmack abrunden.

1 Kopf Romanasalat | ½ gelbe oder rote Paprikaschote, ohne Stielansatz, Kerne und Scheidewände | ½ Tasse frische Petersilie | 4 Möhren | ½ Gurke

# Querbeet

Frische Kräuter sind ein großartiger Trick, durch den sogar grüne Hardcore-Säfte superlecker werden. Außerdem liefern sie viel Vitamin K und Antioxidantien. Trinken Sie diesen Saft am Nachmittag oder nach dem Abendessen statt Kaffee mit einem Schuss Kirschsaft und Sie werden hervorragend schlafen.

5 Tassen frische Spinatblätter | 4 Tassen Romanasalat | 5 Tassen Grünkohl | 3 Tassen Brokkoliröschen mit Stängeln | 1 Tasse frische Petersilie | 1 Tasse frisches Basilikum | 8 EL Zitronensaft, frisch gepresst

# Italienische Trikolore

Bei uns gehört dieser Saft zu den köstlichen grünen Säften für »Fortgeschrittene«. Aber Achtung: Er ist nichts für Zartbesaitete oder für Leute, für die grüne Säfte absolutes Neuland sind. Der Knoblauch sorgt in Verbindung mit Basilikum für einen ordentlichen Geschmackskick. Doch keine Angst vor Knoblauch im Saft – seine Schwefelverbindungen fördern nachgewiesenermaßen einen gesunden Blutdruck. Mamma mia!

4 Blätter Romanasalat | 1 gelbe Paprikaschote, ohne Stielansatz, Kerne und Scheidewände | 1 Tasse frische Spinatblätter | ½ Tasse frisches Basilikum | ¼ rote Zwiebel, geschält | 1 Knoblauchzehe, geschält | 1 Tasse Kirschtomaten | 1 Zucchini

# Kraftstoff-Kur

Rote Bete verbessert erwiesenermaßen die Ausdauer und steigert die Kraft für ein effizienteres Training. In Kombination mit Ingwer und grünem Gemüse liefert dieser Saft geballte Energie im Glas und eignet sich perfekt als Fitmacher vor dem Sport.

2 Tassen Rote Bete, geputzt und zerkleinert | 2 Tassen Grünkohl | 2 Tassen frische Spinatblätter | 1 Stück frischer Ingwer, 5 cm, ungeschält | 2 Tassen Gurke, zerkleinert

# Würziger Rote-Bete-Splash

Die Mischung aus Sprossen, Jalepeño, Roter Bete und grünem Gemüse verleiht diesem Saft seine komplexe Note. Perfekt, wenn Sie den erdigen Geschmack Roter Bete nicht so mögen, denn der wird durch andere intensive Aromen abgemildert. Wäscht man alle Zutaten und sieht dann diese riesige Menge Salat vor sich, die wie durch Zauberhand zu einem einzigen Glas Saft zusammenschmilzt, ist es ein tolles Gefühl sich vorzustellen, wie viele Nähr- und Vitalstoffe man damit zu sich nimmt. Eine Prise Himalaja-Salz sorgt neben Spurenelementen auch für würzigen Geschmack.

2 Rote Beten, gewaschen und geputzt | 3–4 Blätter Romanasalat | ¼ Tasse Alfalfasprossen | ¼ Tasse Grünkohl | 1 Stück frischer Ingwer, 2,5 cm, ungeschält | ½ Jalapeño-Chilischote, ohne Kerne | ½ Gurke | ¼ Zitrone, geschält und ohne Kerne | 60 ml gefiltertes Wasser | 1 Prise Himalaja-Salz

# Bloody-Green Mary!

Diese leckere und alkoholfreie Variante einer Bloody Mary kann nicht nur nach langen Nächten wahre Wunder wirken. Entgiftende und basenbildende Gemüsesorten fördern die Ausleitung von Giftstoffen, während der frische Meerrettich mit seinem hohen Gehalt an Glycosiden die Leber entgiftet – ebenso wie der Apfelessig.

1 Tasse Grünkohl | 2 Salattomaten | 3 Selleriestangen | 1 Gurke | 1 Stück frischer Meerrettich, ungeschält, etwa 1 cm (je nach Geschmack) | 1 Prise Cayennepfeffer | 1 Schuss Tamari-Sojasauce | 1 TL Apfelessig

# Grün und pikant

Zuckerschoten gehören zu meinen Lieblingssnacks, weil sie so schön knackig und reich an Vitaminen sind. Außerdem verleihen sie diesem leichten, Flüssigkeit spendenden Saft erstaunlich viel natürliche Süße. Ich trinke ihn gern nach dem Joggen, wenn ich mich ausgepowert fühle – der Sellerie versorgt mich mit Elektrolyten und die pikanten Aromen von Brunnenkresse und Ingwer wecken meine Lebensgeister.

3 Selleriestangen | ½ Tasse Zuckerschoten (etwa 10 Stück) | ½ Tasse Brunnenkresse | 1 Stück frischer Ingwer, 2,5 cm, ungeschält | 1 Gurke | ½ Limette, geschält und ohne Kerne | 1 Prise Cayennepfeffer

# Obstsäfte

## Mit Gemüse, natürlich!

# Schlangenbeschwörer

Dieses Rezept hat Romi Pulichino (Seite 11) speziell zur Stärkung nachlassender Libido entwickelt. Mit der Kombination aus Wassermelone und Granatapfel fühlt man sich direkt auf einen Marktplatz mitten in Marrakesch versetzt. Doch Achtung: Der Saft wurde zwar kreiert, um schlafende Tiger zu wecken, er schmeckt dazu aber auch unglaublich lecker, deshalb sollten Sie darauf achten, für wen Sie ihn zubereiten!

2 Selleriestangen | 2 Tassen frische Spinatblätter | Kerne von 1 Granatapfel | 1½ Tassen Wassermelone, geschält, zerkleinert und ohne Kerne

# Frucht mit Pep

Das Schwerste an der Zubereitung dieses Saftes ist, die Himbeeren nicht schon vor dem Entsaften aufzuessen! Dieser Saft mit seiner herrlich roten Farbe ist süß und säuerlich zugleich. Paprikaschoten enthalten viel antixoxidatives Vitamin C und sind, ebenso wie Himbeeren, reich an sekundären Pflanzenstoffen. Wenn Sie diesen Saft trinken, weil Sie Henrietta Nortons Ratschläge zur Fruchtbarkeit (Seiten 38 – 39) befolgen wollen, mixen Sie ihn mit etwas Avocado und Maca-Knolle.

Entsaften Sie zuerst Paprika und Himbeeren, geben Sie dann die Rückstände erneut in den Entsafter und zuletzt die Zucchini, zum »Durchspülen«.

1 Tasse Himbeeren | 1 rote Paprikaschote, ohne Stielansatz, Kerne und Scheidewände | 2 Zucchini | 1 Spritzer Limettensaft

# FABelhaft (Fenchel, Apfel, Bete … und mehr)

Dieser leicht süß und erdig schmeckende Saft ist ein FABelhafter Entgifter. Ganz gleich, ob Sie die Nacht durchgefeiert haben oder eine Erkältung im Anmarsch ist, dieser Saft hilft. Die Aromen von Roter Bete, Sellerie und Ingwer ergänzen sich perfekt und bekommen durch den Fenchel und die Früchte eine kräftige Süße. Dieser Saft wirkt harntreibend, deshalb trinken sie danach am besten noch ein Glas Wasser!

1 Birne, ohne Stiel | 1 süßer Apfel (wie Pink Lady, Jazz oder Braeburn), ohne Stiel | 1 kleine Rote Bete, gewaschen und geputzt | ½ Fenchelknolle | 4 Selleriestangen | ½ Kopf Romanasalat | 1 Stück frischer Ingwer, 2,5 cm, ungeschält

# Melonen-Stimmungsaufheller

Ich liebe diesen Saft. Im Sommer, weil er für schnelle, vitaminreiche Abkühlung sorgt, und an dunklen Wintertagen als Stimmungsaufheller. Er ist sehr leicht, nicht üppig genug für eine Saftkur, aber antioxidativ und carotinreich.

½ Cantaloupe- oder Gaia-Melone, geschält und ohne Kerne | 1½ Gurken | 1 Stängel Zitronengras | ¼ Tasse Koriandergrün | 60 ml Kokoswasser

# Ananas-Weizengras-Power

Den Geschmack von Weizengras muss man mögen. Auch mir schmeckt Weizengras nicht besonders, aber es putscht mich auf wie ein Espresso. Weizengras gehört zu den wirksamsten Heilmitteln der Natur, weil es besonders reich an Chlorophyll (Seite 20), B-Vitaminen sowie den Vitaminen A, C, E und K ist. Außerdem enthält es jede Menge Aminosäuren, aus denen sich Proteine zusammensetzen. In diesem Rezept wird Weizengrassaft (oder Pulver, wenn man keinen frischen Saft bekommt) mit süßer aromatischer Ananas zu einem tropischen Genuss kombiniert.

1 Tasse Weizengras, direkt über dem Boden abgeschnitten (oder 1 TL Weizengraspulver plus 60 ml Wasser) | 2 Tassen Ananas, geschält und zerkleinert, mit Strunk

**Expertentipp**

Zuerst das Weizengras entsaften, dann die Ananas zugeben, um die Weizengrasreste nochmals durchzuspülen. Sofort genießen.

# Spicy Limonade

Bringen Sie etwas Schärfe in Ihr Leben! Je nach Stärke des Entsafters werden Sie 2–3 Chilis benötigen, um den kleinen Schoten etwas von ihrem leuchtend farbigen Saft abzuringen. Mit einem noch höheren Vitamin-C-Gehalt als in Orangen sind Zitronen und Limetten großartig für das Immunsystem und die Chilischoten bringen den Stoffwechsel auf Trab.

1 Zitrone, geschält und ohne Kerne | ½ Limette, geschält und ohne Kerne | 1–2 rote Chilischoten, ohne Kerne | 1 EL Agavendicksaft | 400 ml gefiltertes Wasser

### Expertentipp

Dieser Mix ist Bestandteil jeder Saftkur, macht sich aber auch gut als Kaffee-Ersatz am Nachmittag.

# Stressfighter

Mit Kiwi und Orange als Grundlage schmeckt dieser Saft eher fruchtig als gemüselastig, aber lassen Sie sich davon nicht täuschen – je etwa zwei große Hände voll Mangold und Sellerie sorgen für nährstoffreiche Gemüse-Power. Kiwis liefern das beruhigend wirkende Serotonin und der hohe Vitamin-C-Gehalt in den Orangen normalisiert den Cortisolspiegel (das von den Nebennieren bei Stress ausgeschüttete Hormon). Stangensellerie schließlich enthält Phthalid, einen sekundären Pflanzenstoff, der beruhigend wirkt. Wenn Sie gestresst sind und eine Gier auf Süßigkeiten oder andere ungesunde Dinge verspüren, versuchen Sie es zunächst einmal mit diesem Saft – er ist gesünder und langfristig gesehen die weitaus bessere Wahl.

2 Tassen Mangold | 2 Selleriestangen | 3 Kiwis, geschält | 2 Orangen, geschält und ohne Kerne

**Expertentipp**

Den Mangold vor dem Entsaften zerkleinern und als Erstes entsaften, da er leicht im Entsafter hängen bleibt.

# Apfel-Minze-Mix

Wer diesen Saft nicht mag, dem ist nicht zu helfen. Selbst bei Kindern kommt er erstaunlich gut an. Dank seiner frischen Farbe und dem süßlichen Geschmack ist es nicht schwer, Kinder (oder Gemüsesaftneulinge) relativ leicht von einer großen Portion Gemüse und Kräuter zu überzeugen.

2 Äpfel, ohne Stiel | 4 Selleriestangen | ½ Tasse frische Minzeblätter | 1 Tasse Erdbeeren, entstielt

# Erdbeer-Rhabarber-Drink

Ein sowohl süßer als auch säuerlicher Saft mit einem einzigartigen Aroma dank der Zugabe von entzündungshemmendem Zimt. Ich mache ihn häufig als »Dessert« zum Brunch, das liefert immer Gesprächsstoff.

1 Zucchini | 4 Rhabarberstangen | 2 Äpfel, ohne Stiel | ½ Tasse Erdbeeren, entstielt | ½ TL Zimt, gemahlen

# Heidelbeer-Spinat-Blues

Ein köstlich süßer und schnell zubereiteter Frühstückssaft, für den nur drei Zutaten gewaschen werden müssen. Heidelbeeren und Spinat gehören zu den an Antioxidantien reichsten Pflanzen überhaupt und bilden hier ein echtes Power-Duo.

½ Tasse Heidelbeeren | 1 Apfel, ohne Stiel und Kerngehäuse | 1 Tasse frische Spinatblätter | 125 ml Kokoswasser

**Expertentipp**

Bewahren Sie etwas Kokoswasser auf, um am Ende damit den Entsafter durchzuspülen und Heidelbeer- beziehungsweise Spinatreste zu lösen.

# Ingwer-Ananas-Anti-Ager

Dieser erfrischende Mix ist ein ganz erstaunlicher kleiner Jungbrunnen. Er liefert Vitamin A und tut somit Haut und Haaren gut. Darüber hinaus unterstützt der hohe Vitamin-C-Gehalt (das Super-Antioxidans schlechthin) das Immunsystem und schützt die Zellen vor oxidativem Stress (denn was nützt es schon, gut auszusehen, wenn man sich nicht gut fühlt). Der frische Ingwer wirkt zusätzlich entgiftend – schmeckt einfach himmlisch.

1 roter Apfel, ohne Stiel
1 säuerlicher grüner Apfel, ohne Stiel
1 Stück frischer Ingwer, 2,5 cm, ungeschält
¼ Tasse frische Minzeblätter
2 Tassen Ananas, geschält und zerkleinert, mit Strunk

# Heißhungerbremse

Sie möchten abnehmen oder suchen nach gesunden Alternativen zu Süßigkeiten? Dieser lecker-frische Smoothie passt zu jeder Tageszeit. Grapefruits regen den Fettabbau im Körper an, während die Ölsäure der Avocado (eine einfach ungesättigte Fettsäure) für ein wohlig gesättigtes Gefühl und einen ausgewogenen Blutzuckerspiegel sorgt.

Zuerst den Brokkoli, die Grapefruits und die Möhren entsaften und dann mit der Avocado mischen.

4–5 Brokkoliröschen mit Stängeln | 2 rosa Grapefruits, geschält und ohne Kerne | 2 Möhren | ½ Avocado, geschält, zerkleinert und ohne Kern

**Expertentipp**

Avocado kann nicht entsaftet werden. Geben Sie sie einfach mit den entsafteten Früchten in den Mixer, um sie zu pürieren.

# Ingwer-Gurken-Cocktail

Das Gemüsependant zum Ingwer-Ananas-Anti-Ager (gegenüberliegende Seite). Ein aromatisch-frischer Saft, der mit reichlich Antioxidantien aus dem Apfelsaft und B-Vitaminen sowie Elektrolyten aus der Gurke viele essenzielle Nährstoffe liefert.

2 süße Äpfel, ohne Stiel | 1 Stück frischer Ingwer, 1 cm, ungeschält | ¼ Tasse frische Minzeblätter | 1 Gurke

# Selbstbräuner

Die Verlockung ist groß, sich diesen kräftig orangefarbenen Saft gleich auf die Haut zu streichen. Er ist überreich an Carotinen (jenen sekundären Pflanzenstoffen, die bei Melone, Möhre und Paprikaschote für die Farbe sorgen), die nicht nur die Zellen vor oxidativem Stress schützen, sondern auch von innen heraus einen gesunden Schimmer auf die Haut zaubern.

3 Möhren | 1 orangefarbene Paprikaschote, ohne Stielansatz, Kerne und Scheidewände | ½ Cantaloupe-Melone, geschält und ohne Kerne

# Cholesterin-Wächter

Apfel, Möhre und Basilikum verleihen dieser Cholesterin senkenden Saftkreation von Dr. Nigma Talib (Seite 13) ihr kräftiges Aroma. Die Süße der Möhren und die Frische der grünen Äpfel runden sich gegenseitig wunderbar ab. Kurkumawurzel sorgt für einen Hauch Schärfe – da ihr Aroma sich erst mit der Zeit entfaltet, geben Sie zunächst nur eine Prise zu, schmecken ab und sehen dann weiter.

3 Möhren | 1 Tasse frisches Basilikum | 1 Tasse frische Spinatblätter | 2 säuerliche Äpfel (Granny Smith), ohne Stiel | 1 Prise Kurkuma, gemahlen

**Expertentipp**

Ein Teelöffel natives Kokosöl gibt diesem Saft noch zusätzlich einen gesunden Kick.

# Grüner Muntermacher

Ich bin ein großer Fan von Ingwer-Shots und trinke sie, sobald eine Erkältung heraufzieht, auch wenn der Kopf sich dann kurzzeitig anfühlt, als würde er platzen (aber vor reinigender Kraft). Vor Kurzem probierte ich auf einer Reise nach Kalifornien einen Ingwer-Trauben-Shot, der mich zu diesem Saft inspirierte. Ingwer- und Traubenaromen geben eindeutig den Ton an, aber Gurke und Birne gleichen die Schärfe des Ingwers sanft aus, so wird dieser Drink zu einem harmonischen Rundum-Genuss. Trauben enthalten Polyphenole, sekundäre Pflanzenstoffe, die Studien zufolge krebshemmende Eigenschaften haben sollen, und Ingwer wirkt antibakteriell, das Ganze ist also ein toller Immunkick, wenn man sich müde und abgeschlagen fühlt.

1 Birne, ohne Stiel | 2 Tassen Grünkohl | 1 Tasse weiße Trauben | 1 Stück frischer Ingwer, 2,5 cm, ungeschält | 1½ Gurken

# Locker vom Hocker

Papaya ist für viele der Inbegriff von Urlaub in der Karibik – wenn das mal kein guter Start in den Tag ist. Diese starke Kombination aus Papaya, Möhre und Limette verheißt schlicht und einfach Glück im Glas. Der Spinat sorgt dabei für einen Schuss Frische und mildert die Süße leicht ab. Apropos Urlaub: Auf Reisen kommt es bekanntermaßen oft zu Verstopfung – dieser von der Ernährungsberaterin Gabriela Peacock (Seite 12) zusammengestellte Saft wirkt wahre Wunder, wenn es darum geht, eine träge Verdauung auf Trab zu bringen.

½ Papaya, geschält und ohne Kerne | 2 Äpfel, ohne Stiel | 4 Möhren | 2 Tassen frische Spinatblätter | ¼ Limette, geschält und ohne Kerne

# Kurkuma-Tonikum

Dieser süßlich-säuerliche Drink überzeugt nicht nur durch seine entzündungshemmenden und abwehrstärkenden Eigenschaften, sondern auch durch lange Haltbarkeit. Dank der in Orangen- und Zitronensaft enthaltenen natürlichen Konservierungsmittel hält sich der Saft drei bis vier Tage im Kühlschrank. Die Früchte und Kräuter entsaften, mit dem Wasser mischen und nach Belieben gemahlene Kurkuma hinzugeben – anfangs eine kleine Prise, dann nach und nach bis zu einem halben Teelöffel. Die Kurkuma verändert die lebhaft grüne Farbe völlig, aber das muss niemanden stören.

1 Orange, geschält und ohne Kerne | ½ Zitrone, geschält und ohne Kerne | ¼ Tasse frische Petersilie |180 ml Wasser | Kurkuma, gemahlen, nach Belieben

# Wurzelgemüsesäfte

## Mit Obst und grünem Gemüse

# Süßkartoffel-Apfel-Drink

Dieser Drink schmeckt wie ein üppiger Süßkartoffelkuchen, liefert aber eine gesunde Dosis Vitamin A und C – der gesamte empfohlene Tagesbedarf in einem einzigen Glas! Darüber hinaus macht dieser Saft rundum zufrieden und kann eine ganze Mahlzeit ersetzen.

2 Süßkartoffeln, geschält und zerkleinert
3 Äpfel, ohne Stiel
½ TL Zimt, gemahlen
1 Prise Muskatnuss, frisch gerieben

# Leberhelfer

Hier geht es ganz ernstlich ans Entgiften. Bei sechs Roten Bete in Kombination mit einer ordentlichen Portion Grünkohl wird Ihre Leber Ihnen für diese Unterstützung dankbar sein. Auch wenn ich mich jetzt wiederhole: Rote-Bete-Saft sollte langsam getrunken und möglichst schluckweise gekaut werden.

6 Rote Beten, gewaschen und geputzt | 3 Tassen Grünkohl | 4 Möhren | ¼ Zitrone, geschält und ohne Kerne

# Carotin-Kur

Diese leichtere Variante des Süßkartoffelsaftes (gegenüberliegende Seite) ist eine Ode an den Farbstoff Betacarotin. Dieser Saft strotzt nur so vor Vitaminen A und C für die Abwehrkraft und sorgt für ein Plus an Antioxidantien.

2 Süßkartoffeln, geschält und zerkleinert | 4 Möhren | ½ Cantaloupe-Melone, geschält und ohne Kerne

# Wurzeldrink

Noch ein Saft für die wahren Betenliebhaber unter uns. Er hat ein intensives Aroma, und Sie sollten ihn langsam trinken, denn Rote-Bete-Saft ist ein starkes Entgiftungsmittel, zu schnelles Trinken könnte zu Unwohlsein führen. Nebenbei bemerkt, keine Sorge, wenn sich der Urin ein oder zwei Tage leicht rötlich oder rosa färbt.

2 kleine Rote Beten, gewaschen und geputzt | 4 Möhren | ¼ Limette, geschält und ohne Kerne | 1 Stück frischer Ingwer, 2,5 cm, ungeschält | 60 ml Wasser oder Granatapfelsaft

SIX
32
THREE
24
TWO
16
500

# Anti-Gicht-Mix

Ob Sie nun etwas gegen Gicht oder nur gegen die Folgen einer langen Nacht unternehmen möchten, dieser Saft sollte zum festen Repertoire gehören. Dass die Kombination aus Roter Bete und Kirsche extrem lecker ist, entsäuert und mild harntreibend wirkt, ist dabei keineswegs von Nachteil. Alle Zutaten bis auf den Zitronensaft lässt man durch den Entsafter laufen. Anschließend den Saft noch zweimal durchlaufen lassen, damit sich mehr Fruchtfleisch löst. Zum Schluss den Zitronensaft unterrühren.

1½ Tassen Kirschen, entsteint | 1 Rote Bete, gewaschen und geputzt | 2 Tassen Romanasalat | 2 Tassen Selleriestangen, zerkleinert | 2 EL Zitronensaft, frisch gepresst

# Rotkohl-Cocktail

Bei uns gibt es oft Rotkohl und so kam mir die Idee, eine Variante der beliebten britischen Kombination aus Möhre, Apfel und Ingwer zu kreieren. Der Saft hat eine tolle blaurote Farbe und ist leicht herb, Apfel und Zimt runden das Aroma raffiniert ab.

⅛ Kopf eines kleinen Rotkohls | 4 Möhren | 2 Äpfel, ohne Stiel | 1 Stück frischer Ingwer, 2,5 cm, ungeschält | ½ TL Zimt, gemahlen

# Blutdruck-Wächter

Tut gut und schmeckt gut! Dieser blutdrucksenkende Saft ist ein weiterer Beitrag von Dr. Nigma Talib (Seite 13) und ein wahres Geschmacksfeuerwerk aus Sellerie, Roter Bete und Brokkoli, mit einem Frischekick durch Apfel und Petersilie. Höchstwertung – 120 zu 80!

5 Selleriestangen | 1 Rote Bete, gewaschen und geputzt | 3 Brokkoliröschen mit Stängeln | 2 Tassen frische Spinatblätter | ¼ Tasse frische Petersilie | 2 Äpfel, ohne Stiel

# Wurzeldrink »Light«

Diese leichtere, weniger »betige« Variante des Wurzeldrinks (Seite 97) schmeckt süß und frisch. Bestens geeignet für einen Energieschub und zur Unterstützung des Herz-Kreislauf-Systems.

1 Rote Bete, gewaschen und geputzt | 2 Möhren | 2 Tassen frische Spinatblätter | 2 kleine Äpfel, ohne Stiel | ¼ Zitrone, geschält und ohne Kerne

# Vegane Milchalternativen

## Kuhlos glücklich

## Muht da jemand?

Milchalternativen aus Nüssen, Mandeln oder Getreide tragen enorm dazu bei, den täglichen Konsum von Milchprodukten zu reduzieren. Man kann sie pur trinken, im Tee oder Kaffee, für das Müsli und überall dort verwenden, wo sonst Kuhmilch angesagt wäre.

# Cashewmilch

## Cremig und rahmig

Ich mag meine Cashewmilch gern sahnig, daher verwende ich Cashewkerne und Wasser im Verhältnis 1:4.

100 g naturbelassene Cashewkerne | 400 ml Wasser | Mark von ½ Vanilleschote | 2 Datteln, entsteint | 1 Prise Himalaja-Salz, zermahlen

Die Cashewkerne mindestens 2 Stunden lang in Wasser einweichen, abgießen, mit 400 ml frischem Wasser und den übrigen Zutaten in den Mixer geben und glatt pürieren. Sofort in den Kühlschrank stellen und gekühlt servieren.

## Seidig und milchig

Wenn die Cashewmilch die Konsistenz entrahmter Milch haben soll, dann pürieren Sie die eingeweichten Cashewkerne zusammen mit dem Wasser und passieren die Mischung dann durch ein Tuch. Danach spülen Sie den Mixer aus und pürieren die gefilterte Milch zusammen mit den restlichen Zutaten.

Mandelmilch, Seite 107

### Expertentipp

Wenn man das Seihtuch vor dem Abtropfen anfeuchtet, sodass es an den Seiten des Gefäßes haftet, wird nichts verschüttet.

# Basischer Eiskaffee

Eine gesunde, koffeinfreie Eiskaffee-Variante.

500 ml Cashewmilch (Seite 105) | 1 TL Wurzelzichorie, gemahlen und geröstet

Beide Zutaten im Mixer pürieren, bis keine Zichorienkörnchen mehr zu sehen sind. Anschließend sofort kühl stellen und eiskalt servieren.

# Kakao-Cashewmilch

Was soll man zu Kakao- (oder Schokoladen-)Cashewmilch schon groß sagen? Probieren Sie sie einfach. Jeder, der davon gekostet hat, war begeistert. Aber Vorsicht, sie ist schnell weg!

500 ml Cashewmilch (Seite 105) | 2 TL Kakaopulver | 1 Dattel, entsteint

Die Zutaten im Mixer pürieren, bis Kakao und Dattel vollständig zerkleinert sind, dann sofort kühl stellen und eiskalt servieren.

# Mandelmilch

Datteln machen diese Mandelmilch ganz besonders lecker. Sie sorgen außerdem für eine Extraportion Ballaststoffe und eine milde Süße.

100 g blanchierte Mandeln | 400 ml Wasser | 2 Datteln, entsteint

Die Mandeln über Nacht in Wasser einweichen. Abgießen und zusammen mit 400 ml frischem Wasser im Mixer glatt pürieren. Die Mischung durch ein Seihtuch gießen und kräftig ausdrücken. Den Mixer ausspülen, die gefilterte Nussmilch und die Datteln hineingeben und noch einmal glatt pürieren. Sofort kühl stellen und kalt servieren.

Sollten nur naturbelassene Mandeln zur Verfügung stehen, ist das kein Problem. Sie eignen sich genauso gut, nur wird die Konsistenz der Milch weniger homogen und ihre Farbe wird durch die Mandelhäutchen dunkler.

Sie können die Mandeln aber auch selbst blanchieren. Dazu legt man sie 10–15 Minuten in sehr heißes Wasser (oder so lange, bis das Wasser abgekühlt ist). Dabei löst sich die Haut der Mandeln. Nach dem Abgießen müssen die Mandeln nur noch mit Daumen und Zeigefinger aus der Haut gedrückt werden. So haben Sie im Handumdrehen blanchierte Mandeln, die eingeweicht und zu Mandelmilch verarbeitet werden können.

### Expertentipp

Wenn Sie auf Ihren Zuckerspiegel achten müssen, geht es auch ohne Datteln. Köstlich ist die Milch allemal.

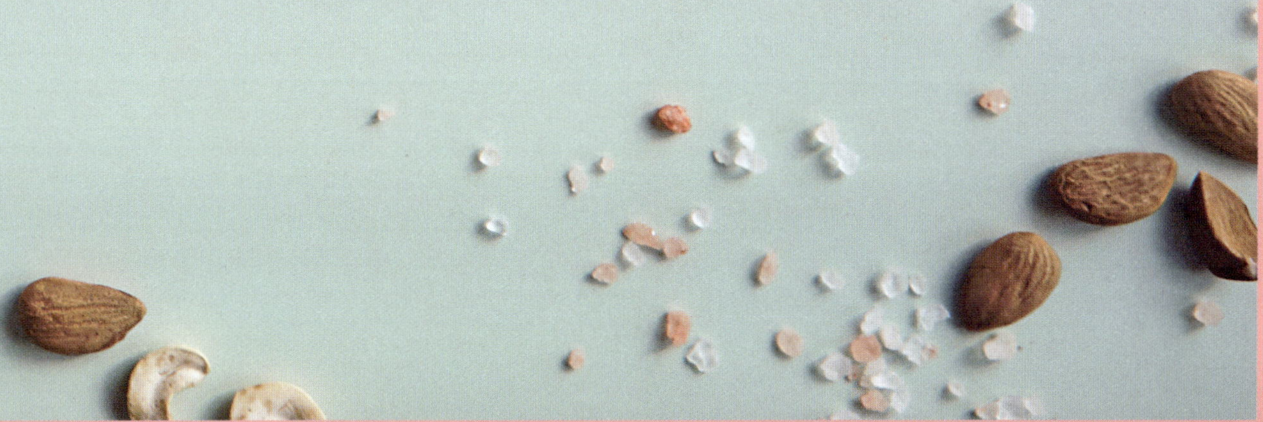

# Haus-putz für den Körper

Matt Miller, ein sehr weiser und athletisch gebauter Kunde (und inzwischen ein guter Freund von mir), ist ein erfolgreicher Personal Trainer, der mit verschiedenen Fastenkuren vertraut ist. Bei der Anmeldung zu seiner ersten Saftkur sagte er uns, er müsse dringend zum TÜV – eine Analogie, die mich sehr angesprochen hat. Es ist ja tatsächlich so, dass viele Leute sich um das Innenleben ihres Autos mehr Gedanken machen als um ihr eigenes. Und genau an diesem Punkt will eine Saftkur zur Entschlackung als eine Art Generalüberholung für den Körper ansetzen.

# Was ist Entschlackung?

*Die besten Dinge im Leben geschehen am Rande der persönlichen Komfortzone.*

Bei einer Entschlackung kommen Körper und Geist auf den Prüfstand – wie fühlt man sich, wie effizient arbeitet der Körper, in welchen Bereichen lässt sich möglicherweise durch eine einfache Ernährungsumstellung etwas verbessern? Nicht selten sind Essen und Trinken eine sehr emotionale Reaktion auf Stress und Alltagsleben. Wer sich entscheidet, lieb gewonnene und Trost spendende Dinge aus seinem Speiseplan zu streichen (Süßigkeiten, Brot, Alkohol, viel Kaffee), wird zwangsläufig mit der Feststellung konfrontiert, wie stark er davon abhängig ist. Eine Entschlackungskur zielt zwar in erster Linie auf die Entgiftung des Körpers ab, sie kann aber auch den Kopf frei machen und eine gute Gelegenheit bieten, mit dem Essverhalten verbundene emotionale Probleme anzugehen.

Rein körperlich gesehen ist eine Entschlackungskur, in unserem Fall eine Saftfastenkur, eine gesunde Routinewartung, die das Verdauungssystem und die Leber entlastet und ihnen diejenigen Nährstoffe zur Verfügung stellt, die sie zur Ausleitung abgelagerter Giftstoffe benötigen. Gleichzeitig wird das gesamte Körpersystem mit einer leicht verdaulichen Nahrung voll aktiver Enzyme und Vitamine versorgt. Erhöht man die Menge grüner Bio-Säfte und verzichtet zugleich auf raffinierte Zuckerarten, Kaffee, Alkohol, Fleisch und zu stark gegarte Lebensmittel, entsäuert das gleichzeitig den Körper (Seiten 17–19), was sich entzündungshemmend und allgemein gesundheitsfördernd auswirkt, das Immunsystem stärkt und chronischen Erkrankungen vorbeugt.

## Sorgt der Körper nicht selbst für seine Entgiftung?

Wie wir im Kapitel Hintergrundwissen gesehen haben (Seiten 14–25), bildet das Verdauungssystem mit der Leber, der Haut und dem Lymphsystem ein großartiges Detox-Team, das sich um die Ausleitung eingelagerter Giftstoffe kümmert. Das Problem ist, dass das innere Entgiftungssystem heutzutage häufig überlastet wird – durch zu viele Toxine aus verunreinigtem Wasser, Medikamenten, Nahrungsergänzungsmitteln, Alkohol, Stimulanzien wie Kaffee und Tee sowie Pestiziden und Hormonen aus konventionell hergestellten Lebensmitteln, Haushaltsreinigern, Umweltgiften und Schwermetallen. Ein derart belastetes System benötigt, genau wie ein Auto, hin und wieder eine gründliche Reinigung und Generalüberholung.

## Wie lange sollten Sie saftfasten?

Die Antwort darauf ist eine sehr persönliche Entscheidung. Wenn Sie zum ersten Mal mit Saft fasten, können Sie mit einer dreitägigen Kur beginnen und sich nach und nach auf fünf bis sieben Tage hocharbeiten. Wenn Sie andererseits schon vorwiegend vegan und mit Rohkost leben oder aber zuvor auf diese Weise gefastet haben, sind fünf Tage angemessen. Eine fünftägige Saftkur wirkt um 60 Prozent reinigender als eine dreitägige Fastenkur und wird dementsprechend mehr Giftstoffe ausleiten. Stellen Sie sich vor, Sie überlegen, wie lange Sie Urlaub nehmen wollen, für ein langes Wochenende oder eine ausgedehnte Pause – es kommt darauf an, wie man sich fühlt.

## Welche Stufe ist für Sie geeignet?

Falls Sie noch nie eine Saftkur gemacht haben, empfiehlt es sich, mit Stufe 1 (Anfänger) zu starten und sich dann nach und nach um eine Stufe zu steigern. Jedes Mal steigt der Anteil an grünem Gemüse im Verhältnis zu Obst und Wurzelgemüse.

**Eine Saftkur nützt Ihnen, wenn Sie:**

- sich nach dem Essen regelmäßig unangenehm voll und aufgebläht fühlen,
- an einer Candida-Infektion leiden,
- das Gefühl haben, Ihre Haut habe an Spannkraft verloren,
- sich ausgelaugt und erschöpft fühlen,
- nicht gut schlafen,
- unter schmerzenden oder steifen Gelenken leiden,
- ein paar hartnäckige Pfunde zu viel auf die Waage bringen,
- sich geistig nicht auf der Höhe fühlen,
- nach einer Phase übermäßiger kulinarischer Genüsse eine Vollbremsung brauchen.

### Expertentipp

Falls Sie auf Ihren Zuckerspiegel achten müssen, an Candida leiden oder besonderen Wert auf die am stärksten entsäuernde Variante des Saftfastens legen (Seiten 17–19), sollten Sie Stufe 3 wählen, die fast vorwiegend aus grünen Säften besteht. Zur Wahl stehen in diesem Fall milde, leichte Gemüsesäfte mit einem geringen Obstanteil (Seiten 62–69) oder aber die herben Gemüsesäfte ganz ohne Obst (Seiten 70–77).

## Ein Warnhinweis

Die Saftkuren sind so ausgelegt, dass sie im täglichen Leben durchgeführt werden können. Wenn Sie schwanger sind, das Immunsystem geschwächt ist oder Sie unter einer Essstörung leiden, dann ist Saftfasten nicht das Richtige für Sie. Wir raten davon ab, länger als sieben Tage zu fasten, es sei denn, Sie stehen unter fachkundiger medizinischer Beobachtung oder befinden sich in einer auf ausgedehnte Fastenkuren spezialisierten Einrichtung. Vor jeder extremen Ernährungsumstellung sollten Sie Ihren Hausarzt konsultieren, ebenso wenn gesundheitliche Bedenken bestehen.

# Die Saftkur

## Bereit für den Neustart

Glückwunsch! Dieses Buch in die Hand zu nehmen und der Entschluss, sich gesünder zu ernähren, sind die ersten wichtigen Schritte (und zwar die schwierigsten), um es endlich mit sämtlichen Gewohnheiten oder Symptomen, die Ihnen nicht guttun, aufzunehmen. Sie sind bereit, einen Neustart zu wagen und für Ihre Gesundheit ein neues Kapitel aufzuschlagen. Wir alle verändern uns ständig, ob in emotionaler oder körperlicher Hinsicht. Jede Saftkur bietet daher auch die Möglichkeit, den eigenen Fokus auf vielleicht lang geplante kleine, aber wirkungsvolle Veränderungen zu richten.

Auf den nächsten Seiten erkläre ich die Vorbereitungen vor der Saftkur (Seite 116) und gebe Hinweise zum Vorratsschrank-Check (Seiten 114–115). Beides spielt – noch vor der eigentlichen Kur – für den Erfolg eine große Rolle. Die Saftkur an sich ist eine Art »Knopfdruck« für einen Neustart. Damit dieser auch wirklich gelingt, machen Sie vorher klar Schiff und treffen Sie ein paar Vorbereitungen. Wir haben drei verschiedene Stufen von Saftkuren zusammengestellt, damit Sie die passende auswählen können: Stufe 1 – Anfänger, Stufe 2 – fortgeschrittene Anfänger, Stufe 3 – Fortgeschrittene. Bei allen drei Stufen sind die drei Tage vor den eigentlichen Fastentagen und die drei Tage danach (Seite 120) zentraler Bestandteil des gesamten Reinigungsprozesses.

## Der Countdown bis zur Saftkur

| | |
|---|---|
| 4 Tage vorher | Führen Sie einen Vorratsschrank-Check durch (Seiten 114–115) und verwerten Sie nach und nach Nahrungsmittel von der Liste der auszurangierenden Lebensmittel. |
| 3 Tage vorher | Beginnen Sie mit den Vorbereitungen für die Saftkur (Seite 116). |
| 2 Tage vorher | Wählen Sie die für Sie geeignete Stufe (Tabelle auf der folgenden Seite). Kaufen Sie Obst und Gemüse ein anhand der Liste der empfohlenen Nahrungsmittel (Seite 115) sowie der Saftrezepte (Seiten 62–107), außerdem auf Vorrat ein paar Zitronen und Kräutertees. |
| 1 Tag vorher | Bereiten Sie die Säfte abends für den folgenden Tag zu. Das sollten Sie an jedem Fastentag während der Kur so handhaben: Sind die Säfte erst mal fertig, gibt es keine Ausflüchte mehr. |

## Die Stufen zur Reinigung

- Jede Stufe baut auf täglich sechs Säften auf.
- Die Stufen unterscheiden sich in der Menge der vorgesehenen grünen Säfte im Verhältnis zu den Obst- und Wurzelgemüsesäften.
- Der Tag beginnt immer mit einem nährstoffreichen grünen Saft am Morgen. Zu diesem Zeitpunkt kann der Körper die stärkenden und entgiftenden Substanzen wie Chlorophyll und sekundäre Pflanzenstoffe optimal verwerten. Warnung: Die Wirkung könnte aufputschend sein, ähnlich wie bei Kaffee!
- Cashewmilch ist als sechster und letzter Saft am Tag vorgesehen. Er sättigt gut und sorgt dafür, dass man abends keinen Hunger verspürt. Cashewkerne enthalten viel Magnesium, das guten Schlaf fördert, dennoch sollte die Milch nicht später als zwei Stunden vor dem Zubettgehen getrunken werden.
- Die in jeder Stufe täglich zum Einsatz kommende Spicy Limonade soll den Stoffwechsel auf Touren halten, das Immunsystem stärken und den Körper entsäuern. Davon abgesehen ist sie auch eine willkommene Abwechslung zu den Obst- und Gemüsesäften.
- *Auf Stufe 3 empfehlen wir Ihnen, mindestens zwei grüne Säfte ganz ohne Obst aus dem Kapitel »Gemüsesäfte – herb und intensiv« (Seiten 70–77) auszuwählen.

| | Stufe 1 – Anfänger | Stufe 2 – fortgeschrittene Anfänger | Stufe 3* – Fortgeschrittene |
|---|---|---|---|
| 1 | Grüner Saft (Seiten 62–77) | Grüner Saft (Seiten 62–77) | Grüner Saft (Seiten 70–77) |
| 2 | Obstsaft (Seiten 78–93) | Obstsaft (Seiten 78–93) | Grüner Saft (Seiten 62–77) |
| 3 | Grüner Saft (Seiten 62–77) | Grüner Saft (Seiten 62–77) | Grüner Saft (Seiten 62–77) |
| 4 | Spicy Limonade (Seite 84) | Spicy Limonade (Seite 84) | Spicy Limonade (Seite 84) |
| 5 | Saft aus Wurzelgemüse (Seiten 94–101) | Grüner Saft (Seiten 62–77) | Grüner Saft* (Seiten 70–77) |
| 6 | Cashewmilch (Seite 105) | Cashewmilch (Seite 105) | Cashewmilch (Seite 105) |

# Der Vorratsschrank-Check

Mit einer Saftkur krempeln Sie Ihre Essgewohnheiten um und schaffen sich durch den Neustart eine gesunde Grundlage. Bevor Sie Ihrem Körper Gutes tun, müssen Sie allerdings zuerst Ihre Küche »entschlacken«. Auf diese Weise kann Sie während der Fastenkur nichts dazu verführen, »vom rechten Weg« abzuweichen. Außerdem haben Sie für die Zeit nach der Kur gesunde Zutaten für nahrhafte, vollwertige Mahlzeiten vorrätig.

## Vor dem Start schon an danach denken

Meist hat man nur das im Vorratsschrank, was sich für schnelle Gerichte eignet. Zutaten für eine Vollwert-Küche sucht man oft vergebens. Mit einem gut durchdachten Vorrat an gesunden Grundnahrungsmitteln steht alles für die Mahlzeiten vor und nach der Saftkur bereit. Damit organisieren Sie sich (und Ihre Küche) für eine gesündere Lebensweise neu.

Die folgende Einkaufsliste hilft Ihnen dabei, Ihren Vorratsschrank auszumisten und mit den richtigen Lebensmitteln aufzufüllen.

### Raus damit!

- **Weiße Lebensmittel** (außer Blumenkohl!), einschließlich weißer, raffinierter Kohlenhydrate wie Brot, Chips, Reis und Nudeln.
- **Zucker** in all seinen verlockenden Formen, also auch Süßigkeiten, Schokolade, Kuchen und Kekse.
- **Kuhmilchprodukte** wie Milch, Käse (alle Sorten), Joghurt, Sahne und Eiscreme.
- **Industriell verarbeitete Sojaprodukte**, einschließlich Sojamilch, Sojajoghurt, Sojadesserts und industriell hergestellte Fleischersatz-Produkte.
- **Alkohol** in jeglicher Form.
- **Koffein** aus Kaffee und Tee.
- **Hefen**, die in Brot, Kuchen und Käse vorkommen.
- **Industriell verarbeitete Nahrungsmittel und abgepackte Fertigmahlzeiten** – sobald Sie eine Zutat nicht aussprechen können oder nicht kennen, weg damit!

## Rein damit!

**Frisches Gemüse** und zwar reichlich! Am besten in allen Regenbogenfarben – Grünkohl, Brokkoli, Rucola, Brunnenkresse, Spinat, Mangold, Endivie, Rote Bete, Süßkartoffeln, Fenchel, Gurke und vieles mehr.

- **Frischer Knoblauch**, weil er so gesund ist und viel Geschmack gibt.
- **Datteln** zum Süßen.
- **Himalaja-Salz oder Meersalz** wegen des Mineralstoffgehalts.
- **Gemahlene und geröstete Wurzelzichorie** als Kaffee-Ersatz.
- **Kräutertees** in großer Vielfalt.
- **Leckere Dressingzutaten** für Salat und Gemüse, beispielsweise Tamari (eine glutenfreie Sojasauce), Apfelessig, Zitronen, Reiswein (Mirin) und Misopaste.
- **Glutenfreie Getreide- und Pseudogetreidesorten** wie Quinoa, Amaranth, glutenfreier Hafer, Buchweizen, Hirse, brauner Reis.
- **Vegane Milchalternativen** wie Cashew- oder Mandelmilch, selbst gemacht (Seiten 105–107) oder gekauft.
- **Kokosnuss-Joghurt** als Ersatz für Milch- oder Sojajoghurts.
- **Nährhefe** (Hefeflocken) als Würzmittel für einen milchfreien Käsegeschmack.
- **Gesunde Öle** wie Oliven-, Sesam-, Walnuss- und Kürbiskernöl wirken entzündungshemmend. Sie sollten allerdings nicht erhitzt werden, da das ihre Struktur verändern und die gesundheitsfördernden Eigenschaften zunichtemachen würde. Zum Kochen geeignet ist stattdessen Kokosöl, das bei Zimmertemperatur fest ist.
- **Gute Fette**, wie sie in Nüssen und Samen, Avocados, Fettfisch und Bio-Eiern von freilaufenden Hühnern enthalten sind. Wichtig ist, dass Nüsse und Kerne ungeröstet und ungesalzen sind. In Ihren Vorratsschrank gehören auch Nussmuse, wie Cashew-, Mandel- und Sesampaste (Tahin). Fette spielen eine große Rolle in der Ernährung, sie tragen zur Zellgesundheit bei und haben entzündungshemmende Eigenschaften. Wussten Sie, dass schon zwei Paranusskerne den Tagesbedarf an Selen decken, einem wichtigen Spurenelement für den Stoffwechsel der Schilddrüsenhormone?
- **Hülsenfrüchte** wie Tellerlinsen, rote Linsen, Kichererbsen und Limabohnen. Hülsenfrüchte getrocknet kaufen, gegebenenfalls einweichen (zum Beispiel Bohnen und Kichererbsen) und eine große Portion garen, die dann eingefroren werden kann.
- **Kräuter und Gewürze**, frisch oder getrocknet, peppen jedes Gericht auf und bieten eine ganze Reihe gesundheitlicher Vorzüge. Sparen Sie nicht an Paprikapulver, Cayennepfeffer, Kurkuma, Zimt, Chiliflocken, Oregano, Salbei, Kreuzkümmel, Rosmarin, Thymian und Vanille.

# Entlastungstage vor der Saftkur

Der erste Tag der Saftkur steht fest und der Countdown läuft! Der Schlüssel zum Erfolg bei jeder Ernährungsumstellung heißt Vorbereitung, Vorbereitung und nochmals Vorbereitung. Wenn Sie sich sorgfältig auf den Beginn der Saftkur einstimmen, werden Sie sich während und nach der Kur umso besser fühlen. Nach einem üppigen Abendessen oder reichlich Rosé am Vorabend wird es Ihnen dagegen nicht so gut gehen. Glauben Sie uns.

## Der Weg zur Saftkur

### Machen Sie klar Schiff!

Stellen Sie sich vor, Sie würden Ihre Wohnung aufräumen, bevor die Putzfrau kommt. Ihr Speiseplan vor der Saftkur läutet bereits die Reinigung Ihres Körpers ein. Dadurch können Sie die Wirkung der Saftkur intensivieren und Ihr Neustart gelingt wesentlich besser, als wenn Sie 48 Stunden vor der Saftkur noch einen fetten Burger verdrücken.

### Finger weg!

Verbannen Sie mindestens drei Tage vor der Saftkur säurebildende und schwere Speisen von Ihrem Speiseplan: Zucker, Fleisch, Kaffee, koffeinhaltige Tees, kohlensäurehaltige Getränke, Milchprodukte, Alkohol und raffinierte sowie industriell verarbeitete Nahrungsmittel.

### Zugreifen!

Füllen Sie Ihren Teller stattdessen mit reichlich frischem rohem oder leicht gedünstetem Gemüse, Avocados, Salat, Obst sowie naturbelassenen Nüssen und Samen. Je besser Sie auf einen nahtlosen Übergang in die Saftkur achten, desto leichter wird Ihnen das Ganze fallen und desto weniger werden Sie unter unangenehmen Entgiftungssymptomen leiden.

### Speiseplan vor der Saftkur

Als Anregung finden Sie hier einen Plan mit leckeren veganen Rezepten. Sie können die Mahlzeiten problemlos austauschen oder, falls Sie wenig Zeit haben, eine große Portion zubereiten und im Laufe von drei Tagen verzehren. Am letzten Tag vor der Saftkur sollte die leichteste Mahlzeit auf dem Plan stehen.

| 3 Tage vorher | 2 Tage vorher | 1 Tag vorher |
|---|---|---|
| **Frühstück:** Buchweizen-Kaltschale (Seite 124) | **Frühstück:** Birchermüsli mit Apfel und Ingwer (Seite 123) | **Frühstück:** Zimtige Ananas mit Kokosjoghurt (Seite 123) |
| **Mittagessen:** Quinoasalat mit Avocado, Radieschen und Spinat (Seite 129) | **Mittagessen:** Sesam-Süßkartoffel mit Grünkohl (Seite 127) | **Mittagessen:** Fantastisches grünes Blattgemüse (Seite 127) |
| **Abendessen:** Linsen mit Knollensellerie, Mangold und Haselnüssen (Seite 135) | **Abendessen:** Marokkanische Möhren und Rote Bete mit Paprika-Hummus (Seite 133) | **Abendessen:** Brokkoli-Mandel-Suppe (Seite 135) |

## Heißes Zitronenwasser

Dieses kinderleichte Ritual werden Sie hoffentlich bis ans Ende Ihres langen gesunden Lebens beibehalten. Beginnen Sie jeden Tag mit einem Becher warmem oder heißem Wasser und dem frisch gepressten Saft einer halben Zitrone. Hier nur einige der Wunderkräfte dieses magischen Elixiers, denn es:

- erweckt das Verdauungssystem zum Leben, indem es die Peristaltik fördert, also die unwillkürlichen Darmbewegungen, die die Verdauung in Gang setzen,
- kurbelt durch Zitronen, die vitaminreich sind und antibakteriell wirken, das Immunsystem an,
- fördert eine gesunde Haut, indem es die Entgiftung und Ausleitung von Giftstoffen beschleunigt,
- trägt zu einem für die Gesundheit so wichtigen alkalischen pH-Wert bei (Seiten 17–19).

### Expertentipp

Wer viel Kaffee trinkt, sollte den Kaffeekonsum in der Woche vor der Saftkur stufenweise reduzieren, um Kopfschmerzen zu vermeiden. Versuchen Sie es mit halb koffeinfrei und halb koffeinhaltig an Tag 1, grünem Tee an Tag 2 und ganz ohne Kaffee an Tag 3. Sollten Sie durch den Koffeinentzug Kopfschmerzen bekommen, trinken Sie während der Saftkur etwas grünen Tee oder Matcha-Tee.

# Es ist Saftkurzeit

Ob Sie nun berufstätig sind oder tagsüber wenig Zeit haben, wir raten Ihnen, die Säfte für den nächsten Tag bereits am Vorabend zuzubereiten und sie dann in Saftflaschen oder luftdicht verschließbaren Behältern aufzubewahren. Auf diese Weise geraten Sie nicht so leicht aus der Spur, falls unvorhergesehene Ereignisse eintreten (ein überhörter Wecker, ein überraschendes Meeting oder eine lange Nacht mit einem kranken Kind). Planen Sie so, dass es keine Ausflüchte geben kann!

## Aufstehen und strahlen

Trinken Sie nach dem Aufstehen etwas heißes Zitronenwasser (Seite 117), um Ihren Körper auf Trab zu bringen und zu entsäuern. Danach gönnen Sie sich eine trockene Bürstenmassage, einige Dehnübungen, vielleicht noch etwas Meditation und starten Sie gut gelaunt in den Tag.

## Zeitplan

Trinken Sie die sechs Säfte in der angegebenen Reihenfolge, sooft Sie das Bedürfnis danach haben. Beschriften Sie die Behälter am Vorabend, um nicht über die Reihenfolge nachdenken zu müssen. Es gibt keinen strikten Zeitplan – nur eine Faustregel: Warten Sie zwischen den Säften mindestens eine Stunde und trinken die Cashewmilch mindestens zwei Stunden vor dem Schlafengehen.

## Zufuhr und Ausscheidung

Trinken Sie tagsüber viel Wasser und Kräutertee. Das verstärkt den Reinigungseffekt und Sie haben mehr Energie. Bei Bauchkneifen sollten Sie Gabriela Peacocks Tipps zur Behebung von Verstopfung (Seiten 28–29) lesen oder es mit einer Darmreinigung bei einem zugelassenen Therapeuten versuchen.

## Bewegung ist wichtig!

Darf man während einer Saftkur Sport treiben? Es ist ratsam, sich auch weiterhin maßvoll körperlich zu betätigen. Hören Sie aber auf Ihren Körper, um herauszufinden, welche Art und Intensität von Bewegung ihm guttut. Manch einen kann ein strammer Spaziergang schon stark ermüden, wenn Sie aber voller Tatendrang aufwachen, legen Sie ruhig einen schnelleren Gang ein. Ausgedehnte, intensive Workouts sind nicht ratsam. Vielleicht tut es Ihnen gut, vor oder nach Ihrem Training ein wenig Nussmilch zu trinken (oder auch ein ganzes Glas!).

## Den Terminkalender entschlacken

Wer unter der Woche berufliche oder gesellschaftliche Verpflichtungen in Restaurants hat, sollte seine Saftkur möglichst in eine Zeit ohne derartige Termine legen. Mit Freunden kann man sich zum Spazierengehen, Joggen oder Yoga verabreden, anstatt sich in einem Restaurant oder einer Bar zu treffen. Zu beruflichen Terminen bringt man einfach seinen Saft mit und sorgt damit gleich auch für angeregten Small-Talk. Falls der Gruppenzwang aber doch zu stark wird, um sein smaragdgrünes flüssiges Mittagessen genießen zu können, bestellt man einen gemischten grünen Salat (ohne Käse oder Fleisch) und beträufelt ihn mit Zitronensaft und Olivenöl.

## Kleine Belohnungen

Betrachten Sie Ihre Fastenkur als eine Zeit des Pflegens und Verwöhnens. Sie sind bereits dabei, Ihre Zellen zu nähren und zu entgiften, warum also nicht auch eine Wellness-Behandlung buchen oder sich zu Hause etwas Gutes gönnen, um sich in der Zeit, die vorher mit Essen ausgefüllt war, zu verwöhnen? Wie wäre es beispielsweise mit:

- einer manuellen Lymphdrainage,
- einem Mittagsschläfchen – die Wäsche kann warten,
- einem Meditations- oder Stretchingkurs,
- einer trockenen Bürstenmassage (Trockenbürsten sind in vielen Apotheken und online erhältlich), um Ihre Haut zum Strahlen zu bringen, die Ausleitung von Giftstoffen zu unterstützen, die Blutzirkulation zu fördern und Cellulite zu reduzieren.

## Der Notfallplan

Wir empfehlen zwar, für die Dauer der Saftkur auf feste Nahrung zu verzichten, wissen aber auch, dass das schwerfallen kann, vor allem, wenn man damit Neuland betritt. Sollten Sie sich unwohl fühlen oder andere unerfreuliche Symptome auftreten, quälen Sie sich nicht. Beglückwünschen Sie sich stattdessen zu dem, was Sie erreicht haben, selbst wenn es nur ein halber Tag ist. Sollten Sie früher aufhören als vorgesehen, planen Sie einfach Ihre nächste Saftkur (denken Sie daran, dass wir alle uns ständig verändern). Am besten hört man einfach auf seinen Körper. Trinken Sie heißes Zitronenwasser (Seite 117) oder einen grünen Tee, das reicht manchmal schon aus, um das Bedürfnis nach fester Nahrung zu stillen. Sollte das nicht der Fall sein, probieren Sie es mit einem der folgenden Vorschläge:

- 1 Tasse pürierter Brokkoli,
- 1 Tasse Gurkenscheiben,
- ¼ Avocado, geschält und ohne Kern,
- 2 Selleriestangen,
- 1 Tasse Cashew- oder Mandelmilch (Seiten 105 und 107),
- 1 Tasse klein geschnittener Grünkohl oder Kopfsalat mit Zitronensaft.

# Nach der Saftkur

Hurra! Sie haben es fast geschafft und fühlen frische Energie und neuen Elan. Ihre Saftkur endet am Morgen nach Ihrem letzten Saft, verzichten Sie aber nach Ihrer abendlichen Nussmilch auf ein Festmahl oder Champagner – Ihr Verdauungssystem soll SCHONEND und LANGSAM aufwachen! Lassen Sie bei fester Nahrung, vor allem bei Fleisch, Milchprodukten und Alkohol, Ihren gesunden Menschenverstand walten. Ihr Körper ist Ihr bester Lotse, hören Sie auf ihn.

## Der Neustart und die Zeit nach der Saftkur

Der Gedanke an feste Nahrung wirkt jetzt fast ungewohnt, aber betrachten Sie das Ende der Saftkur als eine Chance, Ihre Essgewohnheiten für immer umzustellen. Es wird Sie überraschen, aber die Leckereien, auf die Sie in der letzten Woche noch Heißhunger hatten, sind nicht mehr so wichtig. Ihre Zukunft beginnt mit einem Neustart und sensibilisierten Geschmacksknospen. Jetzt ist die Zeit, mit reinen, nährstoffdichten Nahrungsmitteln eine gesunde, solide Grundlage zu schaffen. Wo bleibt er also, dieser grüne Saft?

## Der Morgen danach

Beginnen Sie am Morgen nach Ihrem letzten Saft mit leichten Speisen wie Obst und Gemüse und ein wenig Reis, Kartoffeln und Brot. Ihr Verdauungssystem soll langsam in Gang kommen, Übelkeit ist unerwünscht. Auf Nahrungsmittel wie Fleisch, Milchprodukte, Koffein und Alkohol verzichten Sie besser mindestens sieben Tage lang. Wir empfehlen dringend, immer nur jeweils eine dieser Nahrungsgruppen im Abstand von zwei Tagen einzuführen, und die Wirkung auf Ihren Körper zu beobachten. Wenn Sie beispielsweise Getreide essen und dieses gut vertragen, aber zwei Tage später nach dem Verzehr von Joghurt Blähungen haben, sind Sie ohne Milchprodukte vielleicht besser dran.

Diese Fragen helfen Ihnen bei der Umstellung auf feste Nahrung:

- Wie fühlt sich das Kauen der ersten festen Nahrung an? Sie werden das Bedürfnis haben, länger zu kauen, um die Nahrung zu verflüssigen, damit Ihr Magen und Ihr Darm sie besser verdauen können.
- Wie fühlen Sie sich direkt nach dem Verzehr von Getreide oder Fleisch und Milchprodukten? Energielos und schlapp? Aufgebläht?

## Speiseplan nach der Saftkur

Dieser Speiseplan bringt Sie auf den Geschmack für eine lebenslange gesunde Ernährung, damit Sie die Früchte der Saftkur auch wirklich ernten könnten.

| 1 Tag danach | 2 Tage danach | 3 Tage danach |
|---|---|---|
| **Frühstück**: Supergrüner Gemüse-Smoothie (Seite 124) | **Frühstück**: Gefüllter Portobello-Pilz (Seite 126) | **Frühstück**: Glutenfreies Müsli (Seite 126) |
| **Mittagessen**: Blumenkohl-Taboulé (Seite 130) | **Mittagessen**: Regenbogen-Kohlsalat (Seite 130) | **Mittagessen**: Avocado-Grünkohl-Salat mit Hanfsamen (Seite 129) |
| **Abendessen**: Zucchinetti mit Cashew-Pesto (Seite 137) | **Abendessen**: Miso-Sesam-Möhren mit Lauch und schwarzen Bohnen (Seite 137) | **Abendessen**: Quinoasalat mit Limabohnen und gerösteter roter Paprika (Seite 134) |

# Entgiftungssymptome



| **Normale Symptome** | Unser Rat |
|---|---|
| Kopfschmerzen | Halten Sie 24 Stunden durch oder trinken Sie grünen Tee. Bei starken Kaffeetrinkern kann der Koffeinentzug zu Kopfschmerzen führen. Der niedrige Koffeingehalt in grünem Tee kann Abhilfe schaffen. Trinken Sie außerdem viel Wasser. |
| Übelkeit | Trinken Sie mehr Wasser, um die Ausleitung der Giftstoffe zu beschleunigen. Trinken Sie die Säfte langsam und kauen Sie sie gut. Übelkeit kann als unerwünschte Nebenwirkung auftreten, wenn Rote-Bete-Saft zu schnell getrunken wird. |
| Frieren | Trinken Sie den ganzen Tag über heiße Kräutertees. |
| Durchfall | Lassen Sie raus, was raus will! Der Durchfall wird abklingen, wenn alte Abfallstoffe den Darm verlassen haben. Wussten Sie, dass viele Menschen zwischen zwei und sieben Kilo Abfallstoffe im Darm mit sich herumtragen? Das muss einfach raus! |
| Verstopfung | Seite 28–29. |
| Benommenheit und Konzentrationsmangel | An Tag 1 und 2 der Saftkur werden Sie sich leicht benommen fühlen, aber der Nebel wird sich bald lichten, sobald die Rückstände ausgeschieden wurden. Wasser beschleunigt diesen Vorgang. Halten Sie durch! |
| Knurrender Magen | Zeit für den nächsten Saft. Achten Sie darauf, zwischen den Säften ein großes Glas Wasser zu trinken. Auch ein heißer Kräutertee kann den Hunger vertreiben. |
| Müdigkeit | Ihr Körper muss schwer arbeiten. Schlafen Sie ein Stündchen, wenn Sie müde sind, und gehen Sie mindestens zwei Stunden früher zu Bett als gewöhnlich. |

| **Alarmsignale** | Unser Rat |
|---|---|
| Erbrechen | Falls Sie KEINEN Saft mit Roter Bete getrunken haben, hören Sie auf mit den Säften und trinken Sie Wasser, dann essen Sie etwas Avocado oder Banane. Rufen Sie Ihren Hausarzt an, wenn Sie sich nicht sofort besser fühlen. |
| Blutiger Stuhl | Häufig färbt Rote Bete den Stuhl und Urin in den auf den Verzehr folgenden zwölf Stunden rot. Das ist kein Grund zur Besorgnis. Kontaktieren Sie aber Ihren Hausarzt, falls Sie KEINEN Rote-Bete-Saft getrunken haben. |

# Birchermüsli mit Apfel und Ingwer

1 Portion

60 g glutenfreie Haferflocken | 240 ml Cashewmilch (Seite 105) oder Mandelmilch (Seite 107), evtl. etwas mehr | 2 EL Chiasamen | 1 Spritzer Zitronensaft, frisch gepresst | Mark von ½ Vanilleschote (oder ¼ TL Vanillepulver) | ¼ TL Ingwer, gemahlen | ½ Apfel

Alle Zutaten (bis auf den Apfel) in einem Dessertglas vermischen und zugedeckt über Nacht in den Kühlschrank stellen.

Am Morgen aus dem Kühlschrank nehmen, 10 Minuten lang auf Raumtemperatur kommen lassen, dann bei Bedarf noch etwas Nussmilch zugießen.

Die Apfelhälfte vom Kerngehäuse befreien, in dünne Scheiben schneiden und mit dem Birchermüsli servieren.

# Zimtige Ananas mit Kokosjoghurt

1 Portion

1 großzügige Handvoll Ananas, geschält und gewürfelt, ohne Strunk | ½ TL Zimt, gemahlen | 1 Prise mildes Chilipulver | 100 ml Joghurt aus Kokosmilch und ein Spritzer Limettensaft zum Servieren

Die Ananas in eine Schüssel geben, den Zimt und das Chilipulver zugeben und verrühren.

Auf einem Teller anrichten und mit dem Joghurt aus Kokosmilch und einem Spritzer Limettensaft servieren.

# Supergrüner Gemüse-Smoothie

1 Portion

½ Avocado, geschält und ohne Kern | 1 kleine Banane, geschält | 1 großzügige Handvoll frische Spinatblätter | 1 Handvoll Mungbohnen (oder Edamamebohnen), abgetropft | 1 TL Mandelmus | 1 TL Spirulina-Pulver | 1 Spritzer Zitronensaft, frisch gepresst | Mark von ½ Vanilleschote (oder ¼ TL Vanillepulver) | etwa 120 ml Cashewmilch (Seite 105) oder Mandelmilch (Seite 107) | ein paar Brom- und Heidelbeeren zum Verzieren

Alle Zutaten bis auf die Nussmilch und die Beeren in einen Hochgeschwindigkeitsmixer geben und cremig pürieren. Dann die Nussmilch einarbeiten, bis die Mischung die gewünschte Konsistenz hat.

In eine Servierschale gießen und mit Beeren verziert genießen.

# Buchweizen-Kaltschale

1 Portion

90 g Buchweizengrütze | 1 TL Mandel- oder Cashewmus |
120 ml Cashewmilch (Seite 105) oder Mandelmilch (Seite 107) |
1 kleine Handvoll Heidelbeeren zum Servieren

Die Buchweizengrütze über Nacht in gefiltertem Wasser einweichen. Morgens durch ein Sieb abgießen und sorgfältig abspülen, dann abtropfen lassen. Mit den restlichen Zutaten in der Küchenmaschine zu einer glatten, cremigen Konsistenz (ähnlich wie Haferbrei), verarbeiten. Mit Heidelbeeren garniert servieren.

# Glutenfreies Müsli

3–4 Portionen

90 g glutenfreie Bio-Haferflocken (oder je 45 g Hafer- und Buchweizenflocken) | je 1 großzügige Handvoll naturbelassene Cashew-, Mandel- und Pekannusskerne, grob gehackt | 1 EL zerlassenes Ghee (oder Kokosöl) | Mark von 1 Vanilleschote (oder 1 TL Vanillepulver | 1 gehäufter EL Maca-Pulver | 3 EL Kokosraspel | 1 Prise Himalaja-Salz | Nussmilch (oder Joghurt aus Kokosmilch) zum Servieren

Den Backofen auf 200 °C vorheizen. Ein Backblech oder eine große, flache ofenfeste Form mit Backpapier auslegen. Die Haferflocken und Nüsse auf das mit Backpapier ausgelegte Backblech geben, das zerlassene Ghee oder Kokosöl und die Vanille darübergeben und vermischen. Etwa 20 Minuten unter gelegentlichem Umrühren knusprig backen.

Aus dem Ofen nehmen und abkühlen lassen, dann das Maca-Pulver, die Kokosraspel und das Salz unterrühren. Das Müsli mit veganer Milch (ich bevorzuge Cashewmilch, Seite 105) oder Kokosmilchjoghurt servieren. Das Müsli hält sich in einer Frischhaltebox 3–4 Wochen.

# Gefüllter Portobello-Pilz

1 Portion

1 TL ungesüßter Bio-Dijonsenf | 1 TL getrockneter Thymian | 1 TL Hefeflocken | 1 Portobello-Pilz, ohne Stiel | 5 Kirschtomaten | ½ Avocado | 1 Prise Himalaja-Salz | 1 TL Kürbiskerne zum Garnieren | Rucolasalat zum Servieren

Den Ofen auf Grillfunktion stellen und auf mittlere Hitze vorheizen.

Senf, Thymian und Hefeflocken in einer kleinen Schüssel vermischen und auf die Lamellenseite des Pilzes streichen. Den Pilz und die Tomaten 10 Minuten lang im Backofen rösten; regelmäßig prüfen, damit nichts schwarz wird. In der Zwischenzeit die Avocado halbieren und den Kern herauslösen, dann das Fruchtfleisch schälen und in Scheiben schneiden.

Den Pilz und die Tomaten aus dem Ofen holen. Den Pilz auf einen Teller geben, die Avocadoscheiben und die Tomaten darüber verteilen, salzen und mit den Kürbiskernen garnieren. Mit Rucolasalat servieren.

# Sesam-Süßkartoffel mit Grünkohl

2 Portionen

1 mittelgroße Süßkartoffel | 7–8 Grünkohlblätter | 1 EL Tahin (Sesampaste) | 1 EL Zitronensaft, frisch gepresst | etwas Kokosöl | 1 kleine rote Zwiebel, in feine Scheiben geschnitten | 1 Knoblauchzehe, zerdrückt | 2 EL Sesamsamen | 1 Prise Himalaja-Salz

Den Backofen auf 200 °C vorheizen und ein Blech mit Backpapier auslegen.

Die Süßkartoffel schälen und in ziemlich kleine Stücke schneiden. Auf das mit Backpapier ausgelegte Backblech legen und im Ofen in etwa 25 Minuten backen, bis sie gar ist.

Während die Süßkartoffel im Backofen gart, die Stiele von den Kohlblättern entfernen und die Blätter beiseite stellen.

Für das Dressing Tahin und Zitronensaft mit etwas Wasser verquirlen – die Konsistenz sollte nicht zu flüssig werden.

Etwas Kokosöl in einer Pfanne erhitzen und die Zwiebel darin 5 Minuten anschwitzen.

Den Knoblauch zugeben und für weitere 5 Minuten mitbraten, dann den Kohl und die gebackene Süßkartoffel unterheben und alles erneut 2 Minuten lang braten.

Vom Herd nehmen, das Tahini-Dressing untermengen, die Sesamsamen und das Salz darüberstreuen und servieren.

# Fantastisches grünes Blattgemüse

1 Portion

je 1 großzügige Handvoll Grünkohl, ohne Stiele, Babyspinat, Rucola und Mungbohnen-, Linsen- oder Alfalfasprossen (oder eine Mischung) | 1 EL Kürbiskernöl (oder Olivenöl) | Zitronensaft, frisch gepresst | 1 Prise Himalaja-Salz

Grünkohl, Spinat, Rucolablätter und Sprossen in einer großen Schüssel miteinander vermengen.

Nach Belieben mit Kürbiskernöl, Zitronensaft und Salz abschmecken und servieren.

# Quinoasalat mit Avocado, Radieschen und Spinat

2 Portionen

90 g Quinoa | 480 ml Wasser | 1 Avocado | 8–10 Radieschen | 2 großzügige Handvoll frischer Babyspinat | 2 EL Olivenöl | 2 EL Zitronensaft, frisch gepresst | 1 TL Kreuzkümmel, gemahlen | ¼ TL Senfpulver | Himalaja-Salz und schwarzer Pfeffer aus der Mühle

Die Quinoasamen abspülen und abtropfen lassen, dann mit dem abgemessenen Wasser in einem Topf zum Kochen bringen. Anschließend die Temperatur reduzieren, die Quinoa etwa 10 Minuten lang köcheln lassen, bis sie das Wasser vollständig aufgenommen hat und gar ist (eventuell muss Wasser nachgegossen werden).

Während die Quinoa abkühlt (der Salat kann warm oder zimmerwarm serviert werden), die Avocado halbieren und den Kern entfernen, dann das Fruchtfleisch von der Schale lösen und in Scheiben schneiden. Die Radieschen waschen und in feine Scheiben schneiden.

Avocado, Radieschen und Spinat unter die Quinoa heben. Das Olivenöl in einem Schälchen mit Zitronensaft, Kreuzkümmel, Senfpulver verquirlen, mit Salz und Pfeffer abschmecken und als Dressing unter den Salat heben.

# Avocado-Grünkohl-Salat mit Hanfsamen

1 Portion

2 großzügige Handvoll Grünkohl | ½ Avocado | 1 großzügige Handvoll Linsensprossen (oder andere Sprossen wie Mungbohnen- oder Brokkolisprossen) | 1 EL Hanföl (oder Olivenöl) | 1 EL Apfelessig | 1 EL geschälte Hanfsamen zum Garnieren

Die Stiele von den Grünkohlblättern abschneiden, die Blätter in feine Streifen schneiden und in eine Schüssel geben. Die Avocado halbieren und den Kern entfernen, dann das Fruchtfleisch von der Schale lösen, in dünne Scheiben schneiden und zusammen mit den Sprossen in die Schüssel geben.

Öl und Essig in einem Schälchen verquirlen und als Dressing unter den Salat mischen. Mit den Hanfsamen garnieren und servieren.

# Regenbogen-Kohlsalat

1 Portion

je 1 großzügige Handvoll Rotkohl und Weißkohl, gehobelt | 1 großzügige Handvoll Fenchel, in feine Scheiben geschnitten | ¼ kleine rote Zwiebel, in feine Ringe geschnitten | 1 großzügige Handvoll Koriandergrün, grob gehackt | 1 TL Chilischoten, fein gehackt | 1 TL Tahin (Sesampaste) | 1 TL Cashewmus | 1 Prise Himalaja-Salz | 1 Spritzer Limettensaft, frisch gepresst | 1 EL naturbelassene Cashewkerne zum Servieren

Kohl, Fenchel, Zwiebel, Koriandergrün und Chilischoten in einer Schüssel vermengen.

Für das Dressing die Tahinpaste in einem Schälchen mit Cashewmus, Salz und Limettensaft verquirlen und mit etwas Wasser verdünnen. Unter den Kohlsalat mischen und das Gericht mit Cashewkernen bestreut servieren.

# Blumenkohl-Taboulé

2 Portionen

1 Blumenkohl, geputzt und grob in Röschen zerteilt | 10–12 Kirschtomaten, geviertelt | 2 Frühlingszwiebeln, in feine Ringe geschnitten | 1 großzügige Handvoll frische Petersilie, grob gehackt | 2 EL Sonnenblumenkerne | 1 EL Zitronensaft, frisch gepresst | 1 EL Olivenöl | 1 Prise Himalaja-Salz

Die Blumenkohlröschen in der Küchenmaschine zu einer couscousartigen Konsistenz zerkleinern und in eine Salatschüssel geben.

Tomaten, Frühlingszwiebeln, Petersilie und Sonnenblumenkerne zum Blumenkohl geben. Zitronensaft, Öl und Salz darübergeben, alles gründlich vermengen und servieren.

# Marokkanische Möhren und Rote Bete mit Paprika-Hummus

2 Portionen

1 mittelgroße frische Rote Bete (oder 2 kleine gegarte Bio-Rote-Beten) | 4 Möhren | 1 TL Kokosöl oder Ghee | 1 Knoblauchzehe, zerdrückt oder fein gehackt | 1 TL Ras el-Hanout (marokkanische Gewürzmischung) | 1 TL Kreuzkümmelsamen | 1 großzügige Handvoll frische Minzeblätter, grob gehackt | 1 EL Zitronensaft, frisch gepresst | 1 kleine Handvoll Pistazienkerne | Himalaja-Salz und schwarzer Pfeffer aus der Mühle | etwas Bio-Hummus und Paprikapulver zum Servieren

Die Rote Bete gut waschen und putzen. Dann mit Wasser bedeckt in einem Topf zum Kochen bringen, die Hitze reduzieren und etwa 1 Stunde sanft köchelnd garen. Falls nötig, Wasser nachgießen. Von der Kochstelle nehmen und etwas abkühlen lassen. Dann schälen und in kleine Stücke schneiden.

Vorgegarte Rote Beten einfach aus der Packung nehmen, jeweils in 6–8 Stücke schneiden und beiseite stellen.

Die Möhren schälen, in 10–12 cm lange Stifte schneiden, 5 Minuten lang über Dampf garen oder 1–2 Minuten in einem Topf mit kochendem Wasser bissfest blanchieren und beiseite stellen.

Das Kokosöl oder Ghee in einer Pfanne erhitzen und den Knoblauch, das Ras el-Hanout und die Kreuzkümmelsamen einige Minuten darin anrösten. Dann die Rote Bete und Möhren dazugeben und unterrühren.

Von der Kochstelle nehmen, die Minzeblätter sowie den Zitronensaft untermischen und alles nach Geschmack mit Salz und Pfeffer abschmecken. Auf zwei Tellern anrichten, mit den Pistazienkernen bestreuen. Dazu einen Klecks mit Paprikapulver bestreutes Hummus reichen.

# Quinoasalat mit Limabohnen und gerösteter roter Paprika

3–4 Portionen

125 g getrocknete Limabohnen (oder 1 Dose à 400 g, abgetropft) | 2 rote Paprikaschoten | 4 EL natives Olivenöl extra | 100 g Quinoa | 500 ml Wasser | 2 EL frische Petersilie, fein gehackt | 2 EL Schnittlauch, in Röllchen geschnitten | 1 EL Zitronensaft, frisch gepresst | Chiliflocken (wenn es ordentlich scharf werden soll) | Himalaja-Salz und schwarzer Pfeffer aus der Mühle

Die getrockneten Bohnen über Nacht in gefiltertem Wasser einweichen, abgießen, gut abspülen und abtropfen lassen. In einem großen Topf mit Wasser zum Kochen bringen, die Temperatur reduzieren und zugedeckt etwa 1 Stunde köchelnd garen. Abgießen und beiseite stellen.

Den Backofen auf 200°C vorheizen und ein Blech mit Backpapier auslegen.

Die Paprikaschote halbieren und die Kerne und Scheidewände entfernen. Mit dem Öl beträufeln und nach Geschmack salzen, dann etwa 20 Minuten im Backofen rösten. Zwischendurch einmal wenden. Für einen aromatischen Grillgeschmack können die Paprikaschoten auch gegrillt (Grillstufe) werden. Aus dem Ofen nehmen und abkühlen lassen.

Die Quinoa waschen und abtropfen lassen, dann mit dem Wasser in einem großen Topf zum Kochen bringen. Anschließend die Temperatur reduzieren und die Quinoa etwa 10 Minuten ziehen lassen, bis sie das Wasser vollständig aufgenommen hat und gar ist (eventuell muss Wasser nachgegossen werden). Abkühlen lassen.

Die gerösteten Paprikaschoten in Streifen schneiden und zusammen mit den Bohnen und allen übrigen Zutaten zur Quinoa geben. Nach Belieben mit Salz und Pfeffer abschmecken und alles gründlich vermengen.

# Linsen mit Knollensellerie, Mangold und Haselnüssen

2 Portionen

1 Sellerieknolle, geschält und in 2,5 cm große Würfel geschnitten | 140 g getrocknete Puy-Linsen | 1 TL Ghee (oder Kokosöl) | 1 Knoblauchzehe, zerdrückt | 1 EL frischer Estragon, gehackt | 4–5 Mangoldblätter, geputzt und grob zerkleinert | 1 TL Kapern, abgespült | 2 TL Olivenöl | 1 TL Apfelessig | 8 Haselnusskerne, grob gehackt, zum Garnieren

Den Sellerie entweder 10 Minuten lang sanft dämpfen oder im auf 200 °C vorgeheizten Backofen auf einem mit Backpapier ausgelegten Backblech 40 Minuten garen. Dann beiseite stellen.

In der Zwischenzeit die Linsen waschen und mit Wasser bedeckt in einem kleinen Topf zum Kochen bringen. Die Temperatur reduzieren und die Linsen etwa 30 Minuten lang leise köchelnd garen (falls nötig, Wasser nachgießen). Die fertig gegarten Linsen abgießen und beiseite stellen.

Ghee (oder Kokosöl) in einer Pfanne erhitzen und den Knoblauch einige Minuten darin anbraten. Dann Linsen, Selleriestücke, Estragon und Mangold unterrühren und kurz durchziehen lassen. Von der Kochstelle nehmen und alles mit Kapern, Olivenöl und Essig verfeinern, mit den gehackten Haselnusskernen bestreuen und servieren.

# Brokkoli-Mandel-Suppe

2 Portionen

1 Kopf Brokkoli, in kleine Röschen zerteilt | 1 Zwiebel, geviertelt | 2 Knoblauchzehen, geschält | 250 ml Gemüsebrühe | 250 ml heißes Wasser | 1 EL Mandelmus | 1 EL Olivenöl | ein paar Mandeln, grob gehackt, zum Garnieren

Den Backofen auf 200 °C vorheizen und ein Backblech oder eine flache ofenfeste Form mit Backpapier auslegen.

Brokkoliröschen, Zwiebel und Knoblauchzehen auf dem Backblech oder in der Form verteilen und etwa 20 Minuten im heißen Backofen garen.

Das Gemüse zusammen mit Brühe, Wasser, Mandelmus und Öl in die Küchenmaschine geben, pürieren, auf Suppenteller verteilen und mit Mandeln bestreut servieren.

# Miso-Sesam-Möhren mit Lauch und schwarzen Bohnen

2 Portionen

4 kleine bis mittelgroße Möhren, geschält und in Scheiben geschnitten | 2 Stangen Lauch, in Scheiben geschnitten | 1 Dose (400 g) schwarze Bohnen, abgetropft | 2 EL süße, weiße Misopaste | 2 TL Mirin | 2 TL Tamari-Sojasauce | 2 TL kalt gepresstes Sesamöl | Himalaja-Salz und schwarzer Pfeffer aus der Mühle | 2 TL Sesamsamen

Die Möhren- und Lauchscheiben etwa 6 Minuten lang sanft dämpfen, sodass sie bissfest bleiben. In eine Schüssel geben und mit Bohnen, Misopaste, Mirin und Tamari-Sauce verrühren. Mit Sesamöl beträufeln und mit Salz und Pfeffer abschmecken.

Auf Teller verteilen, mit Sesamsamen garnieren und servieren.

# Zucchinetti mit Cashew-Pesto

2 Portionen

2 Zucchini | 1 Spritzer Zitronensaft, frisch gepresst | 1 Prise Himalaja-Salz | 2 Handvoll Basilikumblätter | 40 g naturbelassene Cashewkerne | 40 g Pinienkerne | 1 Knoblauchzehe, geschält | 120 ml Olivenöl

Die Zucchini in einem Spiralschneider oder mit einem Julienneschneider in möglichst lange »Spaghetti« schneiden. Die Zucchinetti mit dem Zitronensaft und dem Salz in einer Schüssel vermischen und beiseite stellen.

Für das Cashew-Pesto das Basilikum, die Cashewkerne, die Pinienkerne und den Knoblauch in der Küchenmaschine oder im Mixer zerkleinern und währenddessen das Öl einträufeln.

Die Zucchinetti mit einem großzügigen Klecks Pesto servieren. Reste vom Pesto halten sich in einer Frischhaltebox im Kühlschrank bis zu 5 Tage.

# Register

## Quellenverzeichnis

Seite 20: »A 13-week subchronic toxicity study of sodium iron chlorophyllin in F344 rats«; *The Journal of Toxicological Sciences*, Vol. 39, No. 1, 2014.

Seite 43: »Dietary Approach to Attenuate Oxidative Stress, Hypertension and Inflammation in the Cardiovascular System«; *Proceedings of the National Academy of Sciences of the USA*, Vol. 101, 2004.

# Dank

## Karas Dank geht an …

meinen Mann Leon, der nächtelang und an Wochenenden geduldig mein Tippen ertrug. Du bist mein Fels in der Brandung, meine Inspiration und mein bester Geschmackstester. Ich brauche dich für all das. Ich liebe dich. An meine Tochter Belle (auf dem Foto), die mir immer wieder vor Augen führt, dass jeder Bissen, den man zu sich nimmt, das Potenzial hat, zu einer gesunden Zukunft beizutragen. Nie zuvor war das so wichtig für mich wie jetzt, seit du mich zur Mama gemacht hast! An meine Eltern Patti und Steve, die, außer mir stets das Gefühl gegeben zu haben, geliebt zu werden, immer dafür gesorgt haben, dass ich mich hinsetze und eine »ordentliche«, hausgemachte Mahlzeit zu mir nehme und keine Cornflakes oder Kaugummis mit Zucker gegessen habe. So sehr ich mich darüber in meiner Jugend auch beschwert habe, heute danke ich euch dafür! An meine guten Freunde und besten Rezepttester Charlotte »Mamaganoush« Knight und Lucy »tastemaker« Thomas. Ihr gebt mir so viel mehr als eure wertvollen Geschmacksknospen. Danke, dass ihr mir immer den Rücken frei gehalten habt (und meine Schultern auch!). Jenna Zoe, danke, dass du an mich glaubst und mir eine Ecke deiner Küche für die Anfänge von PLENISH zur Verfügung gestellt hast im Gegenzug für Mind Body Green, einen unserer Säfte. Dank allerdings auch dafür, dass ich jetzt süchtig bin nach deinen »Upcakes Peanut Butter Tasses«. Vicky Bond und Emma Sinclair, ich danke euch, dass ihr einem UK-Neuling wie mir gezeigt habt, wie es hier läuft, und mich immer inspiriert habt! Calgary Avansino, du warst eine so großartige grüne Wegbereiterin und unser großartiges Sprachrohr, als sich noch jeder fragte, was es bloß mit dieser komischen grünen Flüssigkeit auf sich hatte, die wir allen schmackhaft machen wollten! Und Dank an all die hervorragenden Expertinnen wie Eve Kalinik, Romi Pulichino, Gabriela Peacock, Dr. Nigma Talib und Henrietta Norton, dafür, dass ihr euer Wissen mit mir geteilt habt. Ihr habt mich inspiriert und ich weiß, dass sich eure Erkenntnisse auf das Leben vieler anderer Menschen auswirken werden.

Die Informationen in diesem Buch sollen lediglich als Leitfaden für eine gesunde Ernährung dienen. Alle, die irgendeine spezielle Ernährungsweise befolgen müssen, sollten vor einer Ernährungsumstellung professionellen medizinischen Rat einholen. Trotz aller erforderlichen Sorgfalt bei der Vorbereitung dieser Ausgabe, kann weder die Autorin noch der Herausgeber die Verantwortung für etwaige Folgen übernehmen, die aus der Verwendung dieser Informationen entstehen können.

Dieses Buch enthält Säfte und Gerichte, die mit Nüssen und Nusserzeugnissen zubereitet werden. Verbraucher mit bekannten allergischen Reaktionen auf Nüsse und Nusserzeugnisse sowie jene, die möglicherweise anfällig für diese allergischen Reaktionen sind, wie Schwangere und stillende Mütter, kranke oder ältere Menschen, Säuglinge und Kinder sollten auf Gerichte, die mit Nüssen und Nussölen zubereitet wurden, verzichten. Darüber hinaus ist es ratsam zu prüfen, ob in der Zutatenliste auf Verpackungen Nusserzeugnisse aufgeführt sind.

Einige Gemüse- und Obstsorten wie Rote Bete, Mangold, Süßkartoffeln oder Rhabarber enthalten – vor allem roh genossen – eine größere Menge Oxalsäure. Säfte mit diesen Zutaten sollten daher nicht über die empfohlenen Menge hinaus getrunken werden. Sollten Sie unter Nierenerkrankungen leiden oder gesundheitliche Bedenken haben, besprechen Sie sich vor dem Genuss dieser Säfte mit Ihrem Arzt.